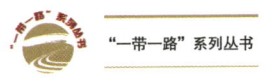

"一带一路"系列丛书

"一带一路"
国别概览

阿曼

李向阳　总主编
李绍先　主　编

韩志斌　仝菲　陈小迁　编著　　赵学昌　审定

大连海事大学出版社

ⓒ 韩志斌　仝菲　陈小迁　2018

图书在版编目(CIP)数据

阿曼 / 韩志斌,仝菲,陈小迁编著. — 大连：大连海事大学出版社，2018.9
("一带一路"国别概览 / 李向阳总主编)
国家出版基金项目
ISBN 978-7-5632-3709-8

Ⅰ.①阿… Ⅱ.①韩… ②仝… ③陈… Ⅲ.①阿曼-概况 Ⅳ.①K938.8

中国版本图书馆CIP数据核字(2018)第221455号

大连海事大学出版社出版

地址：大连市凌海路1号　邮编：116026　电话：0411-84728394　传真：0411-84727996
http://www.dmupress.com　　E-mail:cbs@dmupress.com

大连海大印刷有限公司印装	大连海事大学出版社发行
2018年9月第1版	2018年9月第1次印刷
幅面尺寸：155 mm × 235 mm	印数：1～3000册
印张：11.5	字数：172千

出　版　人：徐华东　　　　　　　　　　项目策划：徐华东
责任编辑：刘长影　　　　　　　　　　　责任校对：张来胜
　　　　　　装帧设计：孟　冀　解瑶瑶　张爱妮

ISBN 978-7-5632-3709-8　　　　　　　　　　　　定价：58.00元

"一带一路"国别概览

丛书编委会

- ▶ 主　任　李向阳
- ▶ 副主任　徐华东　李绍先　郑清典　李英健
- ▶ 委　员　李珍刚　姜振军　张淑兰
　　　　　　尚宇红　黄民兴　唐志超
　　　　　　滕成达　林晓阳　杨　淼

总序

　　2013年秋，国家主席习近平在哈萨克斯坦和印度尼西亚出访期间，先后提出共建"丝绸之路经济带"和"21世纪海上丝绸之路"的倡议，倡导共商、共建、共享理念，得到国际社会广泛关注和积极响应。"一带一路"倡议旨在积极发展与沿线国家的经济合作伙伴关系，共同打造政治互信、经济融合、文化包容的利益共同体、命运共同体和责任共同体。

　　"一带一路"倡议源自中国，更属于世界，它面向全球、陆海兼具、目的明确、路径清晰、参与方众、反响热烈。五年间，"一带一路"倡议从理念转化为行动，从愿景转变为现实，在顶层设计、政策沟通、设施联通、贸易畅通、资金融通、民心相通等方面都取得了显著的成果，为实现世界共同发展繁荣注入推动力量、增添不竭动力。目前，我国已与100多个国家和国际组织签署了共建"一带一路"合作文件。共建"一带一路"倡议及其核心理念被纳入联合国、二十国集团、亚太经合组织、上合组织等重要国际组织成果文件。

　　"一带一路"沿线国家地理地貌、风俗人情、经济发展、投资环境各不相同，极有必要对其进行系统的介绍和分析。此外，目前针对"一带一路"沿线国家的研究仍不够深入，缺少系统、整体的研究资料。大连海事大学出版社组织策划的"'一带一路'国别概览"丛书（首批65卷）适逢"一带一路"倡议提出五年后下一个阶段深入推进的需要之时，也填补了国内系统地介绍"一带一路"沿线国家国情的学术专著的空白，获得了国家出版基金项目资助，并入选教育部全国高校出版社主题出版选题。

　　"'一带一路'国别概览"丛书（首批65卷）联合中国社会科学院、北京大学、山东大学、宁夏大学、广西民族大学、上海对外经贸大学、黑龙江大学等多家高校及研究机构编写，并组织驻"一带一路"沿线65个国家的前大使对相关书稿进行审定。本套丛书不仅涵盖了各国地理、简史、政治、军事、文化、社会、外交、经济等方面的内容，突出了各国与丝绸之路或海上丝绸之路的历史渊源，力争为读者提供全景式的国情介绍,还从"一带一路"政策出发,引用实际案例详细阐述了中国与各国贸易情况及各国的投资环境,旨在为"一带一路"的推进提供强大的智力支持,加快科技成果转化,促进合作人才培养,帮助我国"走出去"的企业有效地防控风险,从而全方位地助推"一带一路"建设。

"'一带一路'国别概览"丛书(首批65卷)的顺利出版得益于大连海事大学出版社的精心策划和组织,也凝聚着百余位相关领域专家学者的心血,在此深表感谢。

国家主席习近平曾深情地说:"'一带一路'建设承载着我们对美好生活的向往,将把每个国家、每个百姓的梦想凝结为共同愿望,让理想变为现实,让人民幸福安康。"我们也希望本套丛书可以为"一带一路"建设架起一座沟通的桥梁,推动"一带一路"倡议在沿线国家向更深远和平稳的方向发展。

"'一带一路'国别概览"丛书编委会

2018年6月

前言

　　写作本书的开端既是受"一带一路"国别概览课题项目的启发,也是"一带一路"倡议背景之下对阿曼战略地位和合作潜力关注度提升的必然结果。自2013年以来,中国向世界,特别是"一带一路"沿线国家传递着澎湃增长的经济动力。中国与"一带一路"沿线国家正在依循历史的驼铃古道、碧波商海创造着新的多维合作机遇,不仅仅限于经济领域的合作共赢,更拓展到政治、文化领域的互利互信和民之相亲。在"一带一路"的大背景下,理清阿曼的具体情况,探寻中国与阿曼未来新的合作机遇,是本书的核心要旨。阿曼作为海湾地区的重要国家,国内相关的学术研究成果并不多,特别是缺少以"一带一路"沿线国家为视角的研究著作。以上写作背景为本书的出版赋予了一定的学术价值和较强的现实意义。

　　本书比较系统和翔实地介绍了阿曼的地理、历史、政治、经济、文化教育、社会生活、外交等方面的基本国情,并结合"一带一路"大背景,对中阿经贸等方面的合作进行了比较客观的研究,总体来说是一本综合性的著作。本书分为上、下两篇:上篇分为八章,着重从地理、历史、政治、军事、文化、社会、外交、经济八个方面介绍了阿曼的发展历程与现状,使读者能够较为清楚、直接地了解阿曼的风土人情和时事政治;下篇共五章,以中国与阿曼在"一带一路"倡议背景下所产生的机遇为立足点,梳理了阿曼的民生情况,特别是紧紧围绕中阿双方历史与现实的交往与合作,展望自新起点出发将要谱写的共赢乐章。

　　本书在广泛吸收国内外资料的基础上,经过三位作者的梳理,多次修改才逐渐成型。总体而言,本书资料较为准确,研究框架比较凝练,整体论述基本流畅,特别是诸多外交人员给笔者提供了很多材料,并对本书细节加以指点,使之兼具了可读性与学术性。本书具体分工如下:韩志斌负责上篇的第二、三、四、七章及下篇的第十章;仝菲负责上篇的第

一、五、六、八章及下篇的第九章;陈小迁负责下篇的第十一、十二、十三章、前言、参考文献及2010年以后的资料更新工作。

在本书完稿之际,感谢中国社会科学院西亚非洲所的赵国忠研究员和温伯友研究员,北京大学的安维华教授,中国前驻阿曼苏丹国大使袁鲁林。作为审读专家,他们严谨的治学态度和精益求精的敬业精神,是我们晚生后辈学习的榜样。有这些国内长期从事中东研究的专家把关,使作者避免了不少错误,保证了本书的质量。同时,还要感谢阿曼苏丹国驻华大使馆提供的宝贵资料和图片,特别是满建丽女士,她在资料方面给予了大力的帮助。

虽然几经研修,但由于作者对该国研究基础薄弱和研究水平有限,书中肯定存在着不足与欠缺,企盼学术界同仁和读者不吝斧正。

编 者
2018年6月

目 录

上篇

第一章 地理 ... 3
  第一节 地理位置 ... 3
  第二节 气候 ... 4
  第三节 地势地貌 ... 4
  第四节 地质 ... 5
  第五节 水文 ... 6
  第六节 自然资源 ... 7
  第七节 行政区划 ... 9

第二章 简史 ... 12
  第一节 古代时期 ... 12
  第二节 中世纪时期 ... 15
  第三节 近代时期 ... 21
  第四节 现代时期 ... 26
  第五节 当代时期 ... 27

第三章 政治 ... 33
  第一节 国家标志 ... 33
  第二节 国家基本法 ... 34
  第三节 议会 ... 35
  第四节 苏丹 ... 40
  第五节 政府 ... 41
  第六节 司法机关 ... 44

第四章 军事 ... 47
  第一节 建军史 ... 47
  第二节 军事实力 ... 49

第三节　国防政策与军事策略 …………………………… 51
　　第四节　军事合作 ………………………………………… 54
第五章　文化 …………………………………………………… 56
　　第一节　语言文字 ………………………………………… 56
　　第二节　文学 ……………………………………………… 56
　　第三节　建筑 ……………………………………………… 57
　　第四节　音乐 ……………………………………………… 58
　　第五节　舞蹈 ……………………………………………… 59
　　第六节　绘画 ……………………………………………… 60
　　第七节　电影业 …………………………………………… 60
第六章　社会 …………………………………………………… 62
　　第一节　人口与民族 ……………………………………… 62
　　第二节　宗教 ……………………………………………… 65
　　第三节　传统风俗 ………………………………………… 66
　　第四节　节假日 …………………………………………… 70
　　第五节　饮食习惯 ………………………………………… 71
　　第六节　教育、卫生、体育、新闻 ……………………… 71
第七章　外交 …………………………………………………… 82
　　第一节　对外政策 ………………………………………… 82
　　第二节　对外关系 ………………………………………… 88
第八章　经济 …………………………………………………… 107
　　第一节　概述 ……………………………………………… 107
　　第二节　农业 ……………………………………………… 111
　　第三节　工业 ……………………………………………… 112
　　第四节　水电业 …………………………………………… 119
　　第五节　旅游业 …………………………………………… 119
　　第六节　交通物流 ………………………………………… 121
　　第七节　对外贸易 ………………………………………… 123

● 下篇

第九章　阿曼民生情况 ………………………………………… 131
　　第一节　物价水平 ………………………………………… 131

  第二节 就业情况 …………………………………………… 132
  第三节 工资标准 …………………………………………… 133
  第四节 住房及福利 ………………………………………… 133
  第五节 税务概况 …………………………………………… 135
第十章 中阿政治友好关系的发展 ……………………………… 136
  第一节 古代中阿政治往来 ………………………………… 136
  第二节 中国与阿曼外交关系的建立 ……………………… 137
  第三节 建交以来的中阿政治交往 ………………………… 139
第十一章 中阿经贸合作及投资问题 ……………………………… 144
  第一节 中阿经贸合作历史发展 …………………………… 144
  第二节 中国与阿曼未来经贸及产业合作相关领域 …… 146
  第三节 中国对阿曼投资情况 ……………………………… 148
第十二章 中阿经贸投资合作需注意的问题 ……………………… 152
  第一节 阿曼投资的相关政策 ……………………………… 152
  第二节 工程承包与基础设施建设项目投标规定 ……… 154
  第三节 在阿曼设立公司的步骤及中国企业投资保护政策 … 156
  第四节 企业在阿曼报税的相关手续 ……………………… 159
第十三章 "一带一路"框架下的中阿经济合作 ………………… 161
  第一节 基础设施建设 ……………………………………… 161
  第二节 中阿产能合作 ……………………………………… 165
  第三节 共同推动产业园区和经济区建设 ………………… 168

参考文献 ……………………………………………………………… 170

上篇

第一章 地理

第一节 地理位置

阿曼的地理位置极为重要。它处于阿拉伯半岛东南角,毗邻霍尔木兹海峡,领土面积为30.95万平方千米,是阿拉伯半岛上第三大的国家。阿曼国土介于北纬16°40′至26°20′、东经51°50′至59°40′之间,北回归线横穿该国。从地图上看,阿拉伯半岛的形状如同一只靴子,阿曼则是这只靴子上的靴尖,扼守着霍尔木兹海峡的穆桑代姆半岛位于靴尖的最前端。阿曼东部与东北濒临阿曼湾、海湾和阿拉伯海,海岸线北起霍尔木兹海峡,南到也门共和国与阿曼的边界,长达1 700千米[①]。阿曼西南部同也门共和国接壤,西部则与沙特阿拉伯王国接壤,西北毗邻阿拉伯联合酋长国。

阿曼位于波斯湾、印度洋和非洲东部之间的交通要道,扼守着波斯湾的咽喉,战略位置十分重要。霍尔木兹海峡在海湾的东口,位于阿曼和伊朗之间,宽约55~95千米,是波斯湾的唯一出口,中东石油外运的咽喉要道,被称为西方的"生命线"。出入霍尔木兹海峡的通道都在阿曼的领海内,海湾各国丰富的石油产品总量的约90%经过这条航线输送到世界各地。

由于阿曼的地理位置优越,阿曼人很早就活跃于航海和区域贸易活动。据史料记载,公元7—15世纪,阿曼商人的船队已经向东抵达中国,向西到达非洲。19世纪上半叶,阿曼的船队已经成为印度洋贸易的重要势力。如今,凭借优越的地理位置,阿曼依然是东西方海上交通要冲,其现

---

① Sultanate of Oman Ministry of Information, http://www.omaninfo.om/english/module.php?module=pages-showpage&CatID=161&ID=519.

代化的港口也成为繁忙的国际贸易集散地。

第二节　气候

　　除东北部山地外，阿曼境内其他地区均属于热带沙漠气候，这主要是因为受热带大陆气团的影响。阿曼全年共分为两季：热季为4—9月，平均气温高达40℃；温季为10月至次年3月，平均气温约为24℃。阿曼境内的地形差异较大，也造成了各地的气候条件不同。通常来说，阿曼沿海地区温暖湿润，内陆沙漠地区炎热干燥，如哈贾尔山脉这样的高山地区则终年温和舒适。

　　阿曼是世界上干旱地区之一，降雨量较小且不规律，各地的年均降雨量也差别较大。降水主要集中在温季的12月以及次年的1月，东北部的山地和高原降水较多，山区甚至还可能遭到暴雨和雷阵雨的袭击，引起山洪暴发。在阿曼，由于天气变化不定，几个小时的连续降雨便可能将干河床变成水流湍急的激流，把树木、牲畜，甚至人和汽车冲走，引发灾难。绿山地区的水量充沛，年景好的年份降水量可达400~500毫米。处于南方的佐法尔省因有印度洋季风时节的季风雨，降水量年均可达100~200毫米。阿曼其他地区降水量则多为100毫米左右。

第三节　地势地貌

　　阿曼地形复杂，主要是河谷、山区、沙漠和海岸地貌，境内大部分地区为海拔200~500米的高原。沿海地区平原仅占全国陆地面积的3%，山地约占15%，其余约82%的国土均为沙砾覆盖的沙漠地貌。

　　总体而言，阿曼地势呈现马鞍状起伏的特征，全国海拔最高的地区为东北部的哈贾尔山脉，海拔最高处达3 352米，西南部则是由佐法尔山脉组成的佐法尔高原，最高海拔为2 500米，东段为锡姆汉山，中段为古拉山，西段为月亮山。佐法尔山脉自东向西绵延400余千米，直抵也门共和国边境。从北部的扎希拉区至南部的佐法尔省处于阿曼中部地区，沙漠分布广泛，属于平原地貌。

第四节　地质

  阿曼的地质构造属于由10多亿年前的前寒武纪岩层为核心的各个时代岩系所组成的隆褶。因火山活动频繁，以火山排出物——石灰岩为主的沉积层不规则地覆盖在隆褶上。这种地质条件，使得阿曼的矿产、石化资源较为丰富。早在5 000多年前，古代阿曼人便对金、银、铜矿进行开采挖掘、加工和出售，并把铜制品出口到美索不达米亚地区。经过勘探，现在阿曼主要的金属矿产有铜、铬、锌、镍、铅、镁、铁、金、银等。阿曼的自然资源对其经济发展的意义尤为重大，自古以来，阿曼的统治者们就极其重视矿业的发展。

  海湾国家以石油和天然气储量、产量巨大而著称于世，但阿曼的石油资源相比之下却不是很丰富，且阿曼地质构造复杂，油层埋藏深，开发成本相对较高。但阿曼的原油质量好，含硫、磷成分少，可提炼多种类型的成品油，在国际石油市场上很受欢迎。截至2016年1月，阿曼已探明石油储量约53亿桶（约7.16亿吨），在中东地区排名第七，在世界范围内排名第二十二[①]。相比于石油，阿曼的天然气储量大，发展前景好。截至2016年1月，阿曼已探明天然气储量0.69万亿立方米，2014年产量376.87亿立方米，其中82%为非伴生气。然而，阿曼自产天然气基本用于国内，出口较少[②]。

  除石油和天然气外，阿曼的其他矿产资源还包括铜、铬、铁、石棉、金、煤、大理石、硅等。早在公元前1000年的铁器时代，苏哈尔附近便发现了铜矿。据统计，阿曼的铜矿储量约为1 500万吨，分青铜和黄铜两种，矿石含铜率平均为2.1%。1983年，阿曼矿业公司重新开采苏哈尔铜矿区，建成炼铜厂，此后其产量和出口量不断增加，成为阿曼经济多元化的重要环节。1994年苏哈尔地区铜矿采尽，后于1997年在巴提纳海岸勘探出重要铜矿床。阿曼的金、银矿则多为铜矿的伴生矿。

---

① U.S. Energy Information Administration, http://www.eia.gov/.
② 中华人民共和国驻阿曼苏丹国大使馆，http://om.chineseembassy.org/chn/zjam/amgk/。

阿曼的铬矿储量为250万吨以上，但品位不高，平均铬含量约为35%~40%，主要分布在苏哈尔和赛迈德两个地区，其中苏哈尔地区的铬矿品位多为40%左右。阿曼铁矿地质储量为1.2亿吨，且品位较为优质的铁矿多储藏在尼凯尔、依布拉地区。锰矿地质储量约为150万吨，主要分布在拉斯哈德和海迈哈山地区，其中拉斯哈德地区多为含29.57%的氧化锰或19%~20%的锰，储量约为52万吨。煤矿储量为1.2亿吨，分布在苏尔地区。石灰石储量达3亿吨以上，品位较高，阿曼北、中、南部地区均有发现。大理石储量为1.5亿吨，主要分布在北部山区和南部地区。石膏储量达12亿吨以上，主要分布在南部佐法尔省、北部布赖米和中部加哈拜地区[①]。

第五节　水文

阿拉伯半岛生态脆弱、气候炎热。总体而言，阿曼属于干旱地区，境内无常流河与湖泊，水资源紧缺，主要水资源来自雨水和地下水。然而，阿曼各地降水量差异很大，南部的佐法尔省在季风来临时的降雨量可达100~200毫米，受此滋润，佐法尔省平原地带灌木丛生，绿树成荫，乳香树生产茂盛，甚至在山区可见涌泉和瀑布的景象。阿曼80%的降雨被蒸发，5%流向大海，只有剩余的15%渗入地下。由于阿曼周边的群山环绕地貌阻止了周边的沙漠蔓延，并带来了相对充沛的水资源，阿曼的传统农业才得以保持和发展。

阿曼的自然条件相对恶劣，自古代起阿曼人民便开始在与大自然的和谐相处中发挥人类的聪明才智。古代阿曼人发明了被称为"法拉吉系统"的灌溉系统，即在水资源下游地下数米深的地方修建暗渠，再把地下水通过水渠引入庄稼地。这种灌溉系统有时在没有使用任何机械的条件下挖掘几十米深，不得不说在这种条件下修建而成的灌区是一个奇迹，也充分显示了古代阿曼人的聪明才智。不过也有人认为，"法拉吉系统"是由伊朗传入阿曼的，并非阿曼人发明创造。时至今日，一些1500年前修建的"法拉吉系统"仍在发挥着作用。"法拉

---

① 王威：《阿曼矿业投资环境概况》，《国土资源情报》，2011年第11期，第26~27页。

吉系统"大致分为三种类型：一是"达吾迪"，指的是深达几十米、长达几千米的灌区；二是"安尼"，指的是从泉水中取水灌溉；三是"嘎儿"，即从绿洲水源上游取水的灌渠。20世纪70年代，阿曼政府通过挖辅助井等措施重新修建了这些灌渠，至今，阿曼现存的"法拉吉系统"仍有4 000多个。

泉水也是阿曼的重要水源之一。阿曼全国共有68处泉眼，其中23处为温泉，大部分泉水可正常饮用。值得一提的是，阿曼的温泉和冷泉负有盛名，以鲁斯塔格和纳克尔温泉最为著名。这些泉眼为商旅及远行者带来宝贵的水资源补充；现在，这些泉眼成为旅游之地，慕名而来的游览者通常会带走一些马斯喀特温泉的矿泉水，细细品味。然而，阿曼饮用水资源主要来自地下水，在没有地下水或地下水资源不足的情况下则采取海水淡化措施，以确保阿曼居民饮用水的供给。由于地下水的过度抽取引起海水倒灌含水层的问题，导致阿曼的一些沿海城市饮用水质量堪忧。政府则按照居民用水量多少，在全国各地建立中、小型海水淡化水站，全国的海水淡化水使用范围迅速扩大。阿曼最大的海水淡化水站是艾布拉海水淡化水站。2014年阿曼共生成饮用水3.231亿立方米，比2013年的2.855亿立方米增长了13.17%；2015年第一季度，阿曼共生成饮用水1.066亿立方米，比2014年同期增长了10.6%[①]。

第六节　自然资源

一、植物品种

阿曼大部分地区属于热带沙漠气候，炎热缺水，使得阿曼的植物种类和数量有限，以灌木和一些特色植物为主。阿曼的主要树木为乳香树和椰枣树。乳香树又被称为"波斯维利尔·撒卡尔"，是佐法尔省的特色植物，耐寒而不喜热，适合在干旱少雨的地方生长，主要生长在低矮的斜坡和陡峭的山地之上，最高可达5米左右。乳香树产出的

---

① Sultanate of Oman Ministry of Information, Oman 2015, p.305.

乳香素有"软黄金"美誉，经加工后可制成香料、香粉、香水、药品、蜡烛和树脂球等。由于乳香点燃后能散发出浓郁而独特的香味，几乎所有阿曼家庭都熏烧乳香，世界上许多宗教仪式也使用以乳香作为配料的蜡烛。由于阿曼的乳香质量上乘，在国际市场上一直有很高的需求量。

同西亚其他国家一样，椰枣树是阿曼普遍种植的植物。椰枣树被阿拉伯人称为"树中之王"，并且可以说是早期阿拉伯人的生命之树。阿曼椰枣树主要生长在北部的绿洲和平原地区，种植面积约为12万公顷，占全国耕地面积的49%。海滨地区的椰枣树耐潮湿、喜高温，内陆地区的椰枣树则更加适应高温干旱的气候。阿曼境内共有60多种椰枣树，每个地区都有不同的品种，椰枣成熟的季节也各不相同。阿曼椰枣树最佳的品种当属黄色的卡拉和扎比，红色的昆紫和卡撒。椰枣树不仅是阿曼人的重要食物来源，还能够作为传统工艺品的原料，椰枣树皮经加工后可制成绳子，树干则可用来建造房屋。

二、动物种类

阿曼的气候条件使其境内动物种类很有特色，以海岸鸟类、海洋鱼类和比较耐干旱炎热的动物为主。在阿曼栖息的鸟类有85种，候鸟的种类则更多，全球已知的一万多种鸟类有450种可以在阿曼找到。首都马斯喀特主要生活有食蜂鸟、夜莺、太阳鸟和草原鹰；穆桑代姆省海拔2 000米以上的地区则是鹌鹑生长的适宜之所。阿曼东中部地区，有从北极地区长途迁徙越冬而来的多种涉禽类候鸟。巴提纳平原之上，猎鹰于夏天在斯瓦第岛繁殖。丹马尼亚岛位于阿曼湾之中，冬天的鱼鹰，夏天的燕鸥在岛的上空往来穿梭。为保护这些珍贵的鸟类，该岛每年5~10月禁止游人参观。另有织巢鸟、杜鹃等30多种鸟类栖息于阿曼南部地区。

阿曼的陆地野生动物最有名的是阿拉伯羚羊和阿拉伯豹。阿拉伯羚羊适合在沙漠等环境恶劣和干旱少雨的地区生活，它们得以在沙漠生存具备的一个非常重要的能力便是能从风中辨别是否会下雨。通常情况下，羚羊群由5只头羊组成，领头的母羊带领羊群寻找雨后生长的嫩草，成年公羊则留下保卫羊群的领地。1972年，因遭肆意捕杀，阿拉伯羚羊数量锐减，几近灭绝。1976年，卡布斯苏丹颁布法令，从美国动物园中重新引进阿拉伯羚羊。1994年，阿曼政府将吉达特地区辟为阿拉伯羚羊的保护区，联合国教科文组织也将这一地区列入《世界自然遗产名录》。

阿拉伯豹主要生活在佐法尔省的贾贝尔萨班地区，以努比亚野山羊和岩兔为食。1996年，该地区被确立为自然保护区，也是阿曼唯一一个阿拉伯豹自然保护区。1997年阿曼环境保护办公室开展了关于阿拉伯豹的研究计划。2014年，阿曼环境保护办公室出版了一份研究报告，名为《阿曼的阿拉伯豹》（The Arabian Leopards of Oman）[1]。除了阿拉伯羚羊和阿拉伯豹外，阿曼还有沙狐、红狐、狞獾、猞猁、印度豪猪、香猫、阿拉伯狼等野生动物。

阿曼临海，漫长的海岸线赋予了阿曼丰富的海洋动物资源。世界上7种海龟中有5种海龟是阿曼本土物种，其中有4种在阿曼海域产卵。阿曼沿海海滩南起佐法尔省，北至穆桑代姆省，全年都是海龟觅食和迁徙的重要海域。阿曼海域同样是21种鲸和海豚的家园，全世界有近25 000种鱼类，有多种鱼类在阿曼海域生长。此外，阿曼的龙虾资源也相当丰富，用龙虾制作的菜肴是阿曼人宴会上的主菜。

第七节　行政区划

一、区划概况

历史上的阿曼行政区划与现在有很大不同，全国曾分为3个省、9个区和43个州。1991年2月，卡布斯苏丹颁布诏令，修改行政区划，以求改变较为分散的行政区划结构。2006年10月，卡布斯苏丹下令增设布赖米省。阿曼的行政区划层级结构主要为：各省下设州级行政区，每州的地方长官为州长，负责进行相关管理工作。与省平级的行政单位是区，基本按照自然地理区域划分，2011年后统一改为省。为了使行政区划更加科学合理，2011年10月6日，卡布斯苏丹颁布第2011/114号国王令，将阿曼划分为11个省，它们分别是：马斯喀特省、佐

---

[1] Sultanate of Oman Ministry of Information, Oman 2015, p.298.

法尔省、穆桑代姆省、布赖米省、中北省、中南省、达希莱省、内地省、东南省、东北省、中部省，省下共设61个州[1]。

二、首都城市

阿曼的首都为马斯喀特，其在阿拉伯语中的意思为"东西飘落的地方"。马斯喀特坐落于东哈杰尔（Hajar）山脉的阿曼湾平原之上，连接着海湾、阿拉伯海和印度洋，地理位置优越。马斯喀特被鲁卜哈利沙漠包围，是著名的"世界热城"，最热时的气温高达60℃。此外，马斯喀特也是世界上最小的首都之一，全城长1.5千米、宽0.6千米。2006年马斯喀特省人口115万[2]，是全国人口最多的省份。马斯喀特省下设6个州：马斯喀特、马特拉（Matrah）、阿米拉特（AlAmarat）、西卜（Seeb）、布什尔（Bausher）、古里亚特（Quiyyat）[3]。

三、重要省份及地区

阿曼苏丹国其他重要省份还有佐法尔省、穆桑代姆省、布赖米省等。佐法尔省位于阿曼最南部，占阿曼国土面积的1/3，被阿拉伯海和群山环绕，省会为海滨城市萨拉拉（Salalah）。包括萨拉拉、萨姆赖特（Thumrait）、塔盖（Taqah）、米尔巴特（Mirbat）、穆克新（Mughshin）等10个州。佐法尔省是阿曼人口数量第三多的省份，约有18.4万人。由于受印度洋季风所带来的降雨滋润，佐法尔省沿海平原盛产蔬菜、香蕉和椰子，素有"阿曼食品库"的美称。此外，由于气候舒适宜人，公路、电力、水利设施、国际机场以及通信服务等齐全便利，佐法尔省是阿曼著名的旅游胜地。《古兰经》中提到的艾赫嘎夫先知、胡德先知、艾尤布先知以及萨利赫先知的陵墓均在佐法尔省，布赖德城遗址和塞木海赖木港遗址也在该地。佐法尔省其他的旅游景点还有乌拔城遗址、罕姆兰堡等。

---

[1] Sultanate of Oman Ministry of Information, http://www.omaninfo.om/english/module.php?module=pages-showpage&CatID=161&ID=519.

[2] 中华人民共和国商务部，"阿曼人口增长达383万新高"，http://www.mofcom.gov.cn/article/i/jyjl/k/201304/20130400100653.shtml。

[3] Sultanate of Oman Ministry of Information, http://www.omaninfo.om/english/module.php?module=pages-showpage&CatID=161&ID=519.

穆桑代姆省位于阿曼的最北端，面积约3 000平方千米，从地理学上看属于阿曼的海外飞地，阿拉伯联合酋长国的东海岸将它与阿曼其余领土隔开，形成穆桑代姆半岛，扼守霍尔木兹海峡，像一柄直插石油运输线咽喉的枪刺，战略地位极为重要。穆桑代姆省共分为4个州：哈萨卜（Khasab）、达巴（Daba）、布卡和马德哈（Bukha and Madha）、核心区（the main hub）。穆桑代姆省内的哈贾尔山脉是伊朗扎格罗斯山脉的延伸，有"阿曼的脊梁"之称，该山脉从穆桑代姆半岛的山区延伸到阿拉伯半岛最东端的哈德角（Ras al-Hadd），绵延640千米直至伸入大海。哈贾尔山脉的主峰是鲁斯贾巴尔峰（Runs al-Jibal），有"赤道挪威"之名，其高耸入云的群山曲折耸立于海天之间，据称可以与挪威的峡湾相媲美。

布赖米省为原扎西拉区的一个州，是2006年新增的省份，下辖3个州[①]。该省位于阿曼西北部，与阿拉伯联合酋长国阿布扎比的艾因市接壤，设有工业区，同时也是阿曼与阿联酋两国边境贸易和货物流通的重要口岸之一。布赖米省的农业发达，盛产椰枣、杧果和酸橙。文化方面，该省古代文明较为发达，有许多古墓葬遗址，其中巴特胡特姆和艾因的古代墓葬群已经得到联合国教科文组织的认证。

---

① Sultanate of Oman Ministry of Information, http://www.omaninfo.om/english/module.php?module=pages-showpage&CatID=161&ID=519.

第二章　简史

第一节　古代时期

一、原始社会时期（公元前3000年以前）

阿曼处于狭义上中东地区的南缘。中东地区是世界上赫赫有名的古代文明起源地。据考证，早在1.2万年前，阿曼所在地区便出现了最早的居民，并大体上掌握了农耕技术，开始种植小麦、大麦等农作物，并兴修水利设施以浇灌农田。在高原和草原地区，早期阿曼人开始驯养山羊、骆驼等牲畜。古代阿曼人手工业相对发达，他们掌握了纺织、染色、制陶等技术。考古学家在巴哈拉、伊卜里、伊兹基、阿曼北部海岸和其他地方发掘出石器时代的工具。差不多同一时期，阿曼人步入了新石器时代，能够制造石刀、石斧等狩猎工具，但由于各种原因，阿曼人仍以野果为主要食物，过着饥一顿饱一顿的生活[1]。

考古发掘出土的公元前2300年的楔形文字记载，阿曼古代地理位置大概位于苏哈尔（Sohar）地区，以出产铜而闻名，被称作"马干"（Magan），意为"船的骨架"。早在公元前4000年，阿曼人便掌握了炼铜技术。同一时期，古代阿曼人开始进行海上贸易，位于贸易路线边缘的巴提纳（Batinah）海岸将两河流域与印度洋连接为一个整体，成为古代阿曼人对外贸易的基地和中转站。根据两河流域出土的泥板文

---

① Carol J. Riphenburg, Oman: Political Development in a Changing World, London: Praeger Publishers, 1998, p.21.

书记载，马干与苏美尔是贸易伙伴，双方交易的物品主要是铜和闪长岩，苏美尔和阿卡德国王用其制作雕像。此外，马干还向苏美尔出口大量的优质木材，用于制造家具①。阿曼贸易往来繁盛不仅得益于优越的地理位置，还因为造船业与航海业的快速发展。阿曼人不仅擅长造船，还能乘自制的船只进行贸易活动。精明的阿曼人曾向东航行，驶过印度洋，最终抵达印度尼西亚和中国南部海岸。有学者就曾感叹道，阿曼人是"阿拉伯民族的航海家、旅行家和商人，是能够在印度洋上扬帆远航的独特民族"②。

二、"黑暗时期"（公元前3000年—前563年）

公元前3000年后，阿曼文明史上出现了一段长达数千年的空白，史称"黑暗时期"。现在仅存的资料发现于阿曼境内约公元前3000年的古墓，墓葬内容包括各种工艺品。公元前2000年，两河流域城市同马干的直接贸易中断，商品只能经迪尔蒙中转；公元前1800年，迪尔蒙商业中心的地位也逐渐丧失殆尽；公元前14—前13世纪，阿曼与伊拉克之间仅存在稀疏的联系。

学界猜测阿曼"黑暗时期"形成的主要原因为连年的战争。古代阿拉伯半岛东南沿海地区十分富饶，曾多次引来外来征服者的窥觑与入侵，阿曼地区也频繁遭到苏美尔人、亚述人、巴比伦人、波斯人、希腊人的侵袭而不断受到破坏。长期的战乱打断了阿曼地区正常的贸易、经济、农业、手工业发展进程，影响了阿曼社会经济的良性运转，农业灌溉系统的基础设施被破坏，往来通商的船队也被彻底摧毁。

三、波斯统治下的阿曼（公元前563年—公元7世纪）

公元前563年，波斯帝国居鲁士大帝征服了阿曼。尽管公元前326年马其顿国王亚历山大大帝的海军曾到达阿曼的穆桑代姆，但亚历山大征服阿曼的活动随其去世而停止。公元前224年，萨珊王朝的阿尔达希尔（Ardahir）一世推翻了帕提亚王朝，并远征阿曼；阿曼国王被

---

① Isam Al-Rawas, Oman in Early Islamic History, London: Ithaca Press, 2000, p.26.
② 安·瓦·施瓦柯夫：《战斗的阿曼》，北京：人民出版社，1973年版，第11页。

杀，波斯占领阿曼。萨珊王朝统治扩展到苏哈尔和马干（波斯人称其为"马遵"，Mazun）周边地区，并参与到阿曼的地方贸易中，这种情况一直持续到阿拉伯部落移民扩散和伊斯兰教影响的到来[1]。萨珊王朝利用季风活动的自然规律控制了从海湾到印度和斯里兰卡的贸易活动，中东地区贸易中心从红海转移到海湾。此时，阿曼南部的佐法尔地区以出产乳香而闻名于世，埃及、耶路撒冷和罗马成为乳香的主要销售场所。据统计，公元2世纪，每年大约有3 000吨乳香通过海路从佐法尔地区销往希腊及欧洲等地，阿曼的香梨、乳香被波斯统治者视为难以割舍的奢侈品，是两者贸易交往的主要商品[2]。

公元2世纪左右，由于持续暴雨导致了大坝坍塌、洪水泛滥，阿拉伯半岛西部的阿兹德部落开始迁往阿曼[3]。据史料记载，第一批迁往阿曼的阿拉伯人由两部分组成，即由马里克·本·法赫姆（Malik b. Fahm）的儿子纳斯尔（Nasr）带领的一部分，及来自也门萨拉赫（Sarah）山区的属于阿兹德部落（Azd）的奎达（Quda）家族。公元2—3世纪，马里克·本·法赫姆带领阿兹德人到达阿曼，率领6 000人的队伍准备与波斯人决战。但因波斯军力强大，阿兹德人怯敌而走，转向东海岸的卡哈特（Qalhat）地区，并建立了阿兹德人在阿曼的第一个营地。波斯人深感阿兹德人安营扎寨恐成日后大患，于是派兵出战，持续三日，波斯军队大败而走，退守阿曼海岸地区，并在一年之内离开阿曼西部[4]。此后，马里克建立了阿曼历史上的第一个阿拉伯王国，阿兹德部落和其他部落也源源不断地涌向阿曼。因为是初创者且人数多，有历史学家将阿曼称为"阿兹德人的家园"[5]。

---

[1] Carol J. Riphenburg, Oman: Political Development in a Changing World, London: Praeger Publishers, 1998, p.19.

[2] Carol J. Riphenburg, Oman: Political Development in a Changing World, London: Praeger Publishers, 1998, p.23.

[3] John Townsend, Oman: The Making of a Modern State, London: Croom Helm, 1977, pp.24-25.

[4] J. C. Wilkinson, Water and Tribal Settlement in South-East Arabia: A Study of the Aflaj of Oman, Oxford: Clarendon Press, 1977, pp. 126-127.

[5] J. C. Wilkinson, The Julanda of Oman, Journal of Omani Studies, Vol. 3, p.368.

第二节　中世纪时期

一、伊斯兰教产生前后的阿曼

伊斯兰教兴起前的阿拉伯半岛并不是一个统一的政治、经济和文化的实体，部落在社会生活中长期占据主导地位。这期间影响阿曼的政治势力主要有三股：其一是部落势力，即来自阿拉伯半岛中北部的阿德南（Adnani）部落、来自也门的卡赫塔尼（Qahtani）部落等；其二是阿曼王国的统治者，即阿巴德（Abd）和贾法尔（Jayfar）这两位共享王权的国王，他们同属于阿兹德部落的珠兰达（Julanda）家族；其三是波斯势力，慑于波斯在阿曼强大的影响力，阿曼与波斯订约，规定珠兰达家族控制阿曼地区，但萨珊王朝可以在阿曼海岸及苏哈尔地区驻扎4 000人左右的军队。从文化角度讲，这些势力给阿曼人的宗教信仰留下了历史的遗产，即表现出多元化的文化形态。在苏哈尔地区，受波斯、印度的影响，民众大多信奉拜火教；阿曼、也门、汉志等地区，由于犹太人经商往来等关系，不少居民信奉犹太教；而对于阿拉伯半岛中部的移民，受部落文化及客观自然经济条件的影响，则奉行以动植物为认同主体的原始图腾崇拜。

伊斯兰教兴起之后，阿曼因处于商道的重要位置、阿拉伯居民属性、多神教与拜物教的宗教信仰等因素，逐渐引起了先知穆罕默德的关注。公元628年，穆罕默德派遣一位使者前往阿曼地区，游说当地居民改信伊斯兰教。据史料记载，塔伊（Tayyi）部落的玛兹尼（Mazin）在麦地那遇见先知后，立即被穆罕默德的个人魅力所折服，随后便皈依了伊斯兰教。玛兹尼返回阿曼后，立即用刀具毁坏了他们崇拜的雕像[①]。公元630年，先知派遣阿慕尔（Amr）为阿曼地区使者，并带去了先知写给阿曼联合执政者的劝服书信。两位首领听了使者宣讲的话后，立即决定皈依伊斯兰教，并在首府苏哈尔建立了清真寺。波斯人震惊之余，连忙调集军队进行干涉，拒绝承认阿曼的伊斯

---

① Isam Al-Rawas, Oman in Early Islamic History, London: Ithaca Press, 2000, p.36.

兰属性。经过激战，波斯总督战败被杀，军队撤退回国。此后，苏哈尔和阿曼海岸周围地区的波斯居民、马干人、犹太人也相继皈依伊斯兰教。

总体来讲，阿曼人选择皈依伊斯兰教的原因主要有三点：一是在多方势力纵横阿曼的情况下，出于巩固统治的考虑，已经取得稳固政治地位的阿曼贵族需要一种新的宗教认同来确定当时各部落的政治、经济地位，伊斯兰教也自然成了维系各部落统一的一条重要的宗教认同纽带；二是伊斯兰教义所主张的一神教信仰适合阿曼贵族统一各部落不同信仰，也符合阿曼贵族团结御敌的需要；三是穆罕默德所在的古莱什部落与阿曼的部落关系十分友好，对于盟友部落所信奉的伊斯兰教，阿曼的部落有一种天然亲近感。

穆罕默德于公元632年逝世后，伊斯兰教进入四大哈里发时期，艾卜·伯克尔成为第一任哈里发。穆罕默德离世后半岛风云骤变，许多部落并非真心皈依伊斯兰教，更认为没有必要继续忠诚于艾卜·伯克尔，甚至兴兵作乱。正如一位阿曼人辩称："我们服从真主最初的传道者，辅助安拉的使者！艾卜·伯克尔与我们有什么关系？"[①] 在阿曼，一位名叫莱基特·本·马立克·艾兹迪（下文简称莱基特，Laqit，?—633年）自称先知，率领迪巴（Diba）地区的民众反对麦地那哈里发政权。在阿曼当地统治者与艾卜·伯克尔的共同镇压下，莱基特及其亲信兵败后被处死。

四大哈里发统治后期，伊斯兰帝国发生分裂，以穆阿维叶为首的麦加贵族势力战胜了以阿里为首的圣门弟子势力，最终建立了伍麦叶王朝[②]。但客观上讲，伍麦叶王朝建立后，阿曼的独立性越来越强。据相关资料分析，当前史学界对阿曼与伍麦叶王朝关系的具体情况大体有三种观点：第一种观点，认为阿曼和伍麦叶王朝没有任何联系。阿曼统治者阿巴德（Abbad）并没有公开反对伍麦叶王朝，反之，穆阿维叶同样没有将阿曼视为敌人与威胁。第二种观点，认为伍麦叶王朝成立之时百废待兴，其存续时间也短暂有限，没有过多的精力来管理阿曼，这反证了阿曼政权同样没有认同伍麦叶王朝的统治，保持了某种程度的独立状态，拒绝穆阿维叶的统治和纳税，甚至否认伍麦叶王

---

① Isam Al-Rawas, Oman in Early Islamic History, London: Ithaca Press, 2000, p.42.

② 参见彭树智主编，王铁铮、黄民兴等著：《中东史》，北京：人民出版社，2010年版，第88页。

朝的合法性。第三种观点，认为阿曼完全接受了伍麦叶王朝的统治地位。然而，这种观点有待商榷，穆阿维叶派遣的地方长官将管辖阿曼的行政地点由汉志迁移到巴士拉，既证明了伍麦叶王朝对阿曼的管辖统属关系，也说明行政管辖地点迁离半岛而更多属于名义上的管辖。

叶齐德一世（Yazid Ⅰ）统治期间（680—683），阿兹德部落实力大增，阿曼离心倾向逐渐增强。到阿卜杜·马立克（685—705年在位）时期，伍麦叶王朝统治者将注意力转向阿曼，主要因为：一是阿曼力量壮大后，日益威胁伍麦叶王朝的统治；二是自从巴士拉成为贸易中心以后，路经海湾的水路贸易变得越发重要，而阿曼地处海湾水路的出海口，地理位置日益重要；三是阿曼成为伍麦叶王朝敌人的避难所，许多反对伍麦叶王朝的力量都跑到阿曼寻求庇护。

伍麦叶王朝的伊拉克总督哈查只（Hajjaj）以残暴著称，他命令阿曼交付巨额税金，并要派特使管理阿曼，遭到阿曼统治者的严词拒绝。哈查只遂派遣军队经海路抵达阿曼，前两次作战均铩羽而归，第三次哈查只派遣由5 000名叙利亚人组成的军队击败了阿曼军队。阿曼的统治者随同家人以及其他部落成员逃往东非的桑给巴尔地区[①]。此后，伊拉克总督哈查只任命哈亚尔（Khayyar）统治阿曼。哈亚尔以严刑峻法而著称，对待阿兹德部落冷酷无情。叶齐德·本·穆哈拉卜（Yazid b.Muhallab）任伊拉克总督后，任命其弟齐亚德·本·穆哈拉卜为阿曼地方长官。齐亚德到任后便将残暴无度的哈亚尔处死。

二、伊玛目国统治时期（751—1154）

伍麦叶王朝统治后期，国家政治矛盾丛生，农业设施废弛，经济发展停滞，民不聊生，战乱四起。王朝南部和北部分别发生了卡斯（Qays）和卡比（Kalb）部落起义[②]。哈瓦利吉派、什叶派等其他伊斯兰派别及宗教也趁机起事，伍麦叶王朝对地方的管控能力遭到严重削弱。此时，伊巴德派在哈德拉毛（Hadramawt）建立了哈德拉毛伊巴德国家（745—748），伊玛目为阿卜杜拉·本·叶海亚·艾尔·肯迪（Abdullah b. Yahya al-Kindi），其得到了包括也门、阿曼在内的边远省

---

① Carol J. Riphenburg, Oman: Political Development in a Changing World, London: Praeger Publishers, 1998, p.24.
② B. Lewis, The Arabs in History, London: Hutchinson & Co., 1970, p.74.

份的支持，并于公元746年在阿曼军队的帮助下进军汉志，占领麦加和麦地那，其间许多阿曼人在哈德拉毛伊巴德国家军队中担任要职[1]。然而，伍麦叶王朝军队击溃了哈德拉毛伊巴德国家的军队，新总督奥马尔·本·阿卜杜·阿齐兹（Umar b. Abd al-Aziz）又施以安抚政策，此后局势逐渐平稳。

公元750年，阿拔斯王朝对什叶派和哈瓦利吉派继续前朝的镇压政策，这说明伊巴德派与当权朝廷冲突的根源在于宗教原则和信仰的分歧。在这种情况下，公元751年，阿曼伊巴德派宣布建立伊玛目国家，珠兰达·本·马苏德（Al-julanda b. Masud）当选为第一任伊玛目。伊玛目选举程序分为两个步骤：第一步是由伊巴德派中的德高望重者推荐伊玛目候选人；第二步是伊玛目得到阿曼民众的普遍效忠和认可。这也标志着阿曼民众对伊巴德派国家的向往以及阿曼伊巴德派国家的正式成立。

马苏德作为阿曼第一任伊玛目，在传播伊巴德学说方面做出很大的贡献，在民众中口碑极佳，人们称之为公正的、慷慨的、虔诚的和尽责的伊玛目。在军事治理方面，马苏德组建了一支组织严密、纪律严明的军队，军队的组织原则主要是依据伊斯兰教和伊巴德学说。他将军队划分为数个营，每个营由200~400人组成，并配有一名指挥官，指挥官必须掌握军事技能和知识，通晓伊斯兰教基本教义，承担传授伊巴德学说的义务。加入军队的士兵薪俸很低，每月仅能领取7个迪尔汗[2]。低报酬的原因主要有两点：一是制止士兵结婚；二是伊巴德国家财政收入主要依靠战利品、地产、礼物及税收，由于马苏德不忍对民众追缴税收，阿曼军事等方面的财政支出只能靠压缩士兵的薪俸。

随着伊巴德国家实力的壮大，阿拔斯王朝哈里发阿布·阿拔斯·阿卜杜拉·赛法赫（Abu Abbas Abudullah al-Saffah，750—754年在位）决定任命哈兹姆·本·古西马（Khazim b. Khuzaymah）为统帅远征阿曼，其目标在于：其一，推翻伊巴德国家；其二，剪除海湾地区的各种敌对力量；其三，消灭伍麦叶王朝的后裔和支持者。两军阵前，哈兹姆要求马苏德承认巴格达总督的权威，接受阿拔斯王朝的统

---

[1] Isam Al-Rawas, Oman in Early Islamic History, London: Ithaca Press, 2000, p.111.

[2] 迪尔汗：阿曼古代银币名。

治，如马苏德同意这些要求，他便可撤军回师、握手言和。马苏德召开伊巴德酋长战前会议，各部落拒绝哈兹姆的要求，决定以战定谁赢。双方军队交锋三次，各有胜负，最后决战时伊巴德领导层中的两个叛徒受金钱诱惑向阿拔斯军队献计，提议用火攻方式将马苏德及其军队在佐法尔地区的木房子付之一炬。最终伊巴德军队因后方失火而无心恋战，阿拔斯王朝军队乘胜追击，伊巴德军队死伤大半，马苏德战死（有资料认为是被哈兹姆擒获后处死）①。

阿拔斯军队占领阿曼后，马苏德的两个儿子穆罕默德·本·扎达赫（Muhammad b. Za'idah）和拉希德·本·纳兹尔（Rashid b. al-Nazr）被推举为阿曼总督。兄弟二人在阿曼实行高压政策，镇压伊巴德派的残余力量。但伊巴德教徒并没有停止抵抗，试图在阿曼重建伊巴德国家。伊巴德派得到了阿曼亚哈姆德（Yahamd）部落的支持，并于公元793年斋月与阿拔斯王朝军队会战，阿拔斯王朝军队被击溃，胜利的伊巴德军队进入了尼兹瓦。公元793年，伊巴德教派在尼兹瓦附近的曼赫（Manh）地区召开会议，以求推举领袖，建立国家。穆萨·本·阿比·加比尔由于个人能力以及对伊巴德派的巨大贡献而被推举为伊玛目，但他本人拒绝接受。伊玛目位置几经轮转，最终于801年，瓦里斯·本·卡布（Warith b. Ka'b）成为伊玛目。

瓦里斯·本·卡布伊玛目统治期间是伊巴德国家历史上的黄金时期，他不仅实现了国家统一，而且治国有方，办事公正，一视同仁，恢复了阿曼国家的稳定，并重新建立了司法制度，改变了由于法律制度缺失而导致的判决不公正和社会的压抑情绪。当时有人赞赏道："瓦里斯·本·卡布恢复了穆斯林的美德，阿曼恢复了正常的社会秩序。他镇压了叛教者，使被镇压者一蹶不振。"②执政六年后，瓦里斯·本·卡布伊玛目在解救落水犯人时溺水而亡③。公元807年，加萨尼·本·阿卜杜拉·亚赫马迪（Ghassan b. Abdullah al-Yahmadi）被推举为新任伊玛目。为防范频繁出没的海盗，加萨尼伊玛目首先将首都从尼

---

① Carol J. Riphenburg, Oman: Political Development in a Changing World, London: Praeger Publishers, 1998, p.26.
② Isam Al-Rawas, Oman in Early Islamic History, London: Ithaca Press, 2000, p.145.
③ Carol J. Riphenburg, Oman: Political Development in a Changing World, London: Praeger Publishers, 1998, p.27.

兹瓦迁到苏哈尔，其次扩大国家舰队规模，增强海军的作战力量。通过以上措施，加萨尼成功地制止了海盗在阿曼沿海的袭击、骚扰活动，苏哈尔也重新成为从巴士拉到东非和东南亚贸易的中心港口。公元821年，由于海盗活动被成功打压，加萨尼伊玛目便将首都迁回尼兹瓦。此外，加萨尼伊玛目发展农业，严格实行伊斯兰教法，鼓励使用奴隶但要求劳动强度适度。在他统治期间，苏哈尔地区奴隶的数目急剧增加，农场、商贸和造船等行业普遍使用奴隶，社会经济得到一定程度的发展。

公元822年，加萨尼伊玛目病重去世，阿卜杜·马利克·本·胡玛德（Abd al-Malik b. Humayb）继任伊玛目。他执政期间，阿曼国家繁荣、民生幸福，被称为"阿曼民众享受繁荣昌盛的时光"[①]。公元840年，胡玛德伊玛目逝世，穆哈纳·本·贾法尔（Muhanna b. Jaufar）成为新一任伊玛目（840—851年在位）。但他脾气暴躁、偏执，不听人言，强军修武，扩充海军。穆哈纳在位时全国舰船超过300艘，并有1万名受过训练的精兵驻扎于尼兹瓦。穆哈纳死后，萨特·本·马利克（Salt b. Malik）成为继任者，其一生整饬内政，成效显著。萨特伊玛目上台后的首要举措便是裁减官员，将自己的亲信派往苏哈尔。此外，他还加强中央集权，采取强硬手段来对付非伊巴德派。萨特伊玛目统治后期，反对者力量日益强大，其中还包括伊巴德教徒和酋长。公元885年，拉希德·本·纳兹尔（Rashid b. al-Nazr）在法尔克（Farq）自立为新伊玛目，但真正掌权者是穆萨·本·穆萨（Musa b. Musa）。由于想脱离穆萨的控制，拉希德和他的支持者前往伊巴德政府所在地尼兹瓦，并继续任用前一届伊玛目的官员，甚至萨特的儿子和密友都被委以重任。这显示了拉希德胸怀宽广、远见卓识，并且善于拉拢人心。拉希德的主要敌人是亚赫马德部落的卡尔卜（Kalb），其在阿曼各部落中享有很高的威望。最终，公元890年，拉希德伊玛目被亚赫马德和阿兹德部落的成员投入监狱。

公元890年，阿赞·本·塔米姆·哈鲁斯（Azzan b. Tamim al-Kharusi）在众多部落的支持下成为伊玛目，上台后他立即换用自己的亲信担任要职。同前任一样，阿赞也不满穆萨大权独揽的行为，采取强

[①] Isam Al-Rawas, Oman in Early Islamic History, London: Ithaca Press, 2000, p.158.

硬手段，逐渐剥夺了穆萨的特权。随后，双方均调兵遣将，穆萨兵败身死，但由于穆萨的部下尼查尔向阿拔斯王朝求援，阿拔斯王朝遂派出2.5万人的远征军，其中包括3 500人的铁甲骑兵[1]。面对如此强大的军事力量，阿曼军队溃不成军，阿赞被杀。阿拔斯王朝军队占领阿曼之后，对当地伊巴德派进行了残酷的镇压。公元903年之后，卡尔马特国军队频繁袭扰阿曼，到阿布·塔希尔率大军横扫西亚大部时，阿曼民众苦苦抵御了7年。因经济发展停滞、国力消耗殆尽，阿曼开始了一段混乱的时期，伊玛目选举几乎沦为儿戏。仅仅在公元996年这一年中，先后有16名伊玛目被民众罢黜。直到12世纪中期，卡赫塔尼（Qahtani）部落的巴尼·纳伯汉（Bani Nabhan）崛起于阿曼政坛，成为一代君王[2]。但此人治国无道，生性暴戾，被民众推翻。阿曼地区此后频繁易主，陷入长达几个世纪的混乱状态。

第三节　近代时期

一、殖民者入侵阿曼（1507—1649）

世界近代史的开端是以西欧政治经济的一系列变革和殖民者扬帆起航为标志的。15世纪末16世纪初，葡萄牙人的远洋舰队出现在阿曼海面时，同样预示着殖民入侵的到来与阿曼中世纪历史的终结。由于优越的地理位置，阿曼人曾长期控制着东西方贸易的通道，几乎垄断了欧洲人喜欢的进口物品。在贸易往来中，阿拉伯人获取暴利，阿拉伯半岛南部沿海城市也繁荣富庶，这都使得葡萄牙人决定打破阿拉伯人对东西方商贸的垄断。16世纪初，葡萄牙已经成为近代以来第一个崛起的世界海上贸易强国，其试图通过削弱阿曼进而控制日益繁荣的阿拉伯海以及印度洋贸易，扩大红海和海湾地区的贸易范围。

1507年8月，葡萄牙舰队入侵马斯喀特、马特拉和苏哈尔等沿海城市，掠夺了大量财富，并将数以千计的居民卖为奴隶。受葡萄牙人

---

[1] Wendell Phillips, Oman: A History, London: Longman Group Ltd, 1971, p.12.
[2] Carol J. Riphenburg, Oman: Political Development in a Changing World, London: Praeger Publishers, 1998, p.28.

破坏的霍尔木兹等地也丧失了史上固有的商业中心地位[1]。葡萄牙人以霍尔木兹为基地，在不到一个月的时间里便征服了整个阿曼海岸。随后，葡萄牙以阿曼为基地，向伊拉克、波斯和印度等地扩张。1586年，葡萄牙殖民者在马斯喀特建立了贾拉利（Jalali）城镇，次年又建立了米拉尼（Mirani）城堡，1632年彻底控制了马斯喀特地区。随着葡萄牙人的入侵，阿曼人民也掀起了规模越来越大的起义，同时，奥斯曼帝国也出兵维护国家的统一完整。1550—1581年间，奥斯曼帝国三度攻占马斯喀特，驱赶葡萄牙人，但后者不久又卷土重来。1649年，苏尔坦·本·赛伊夫将葡萄牙军队赶出阿曼领土，结束了葡萄牙对阿曼长达142年的殖民统治。

二、亚里巴王朝的统治（1624—1744）

1624年，亚里巴部落的纳西尔·本·穆尔希德·亚里巴（Nasir b. Murshid al-Ya'aribi）在鲁斯塔格（Rustaq）建立了亚里巴王朝。经过不懈努力，马斯喀特和马特拉的葡萄牙人被迫与纳西尔达成一项协议，协议规定葡萄牙退出对苏哈尔的占领，每年向伊玛目纳贡，但拥有在马斯喀特通行及自由贸易的权利。1645年，纳西尔与英国东印度公司达成阿曼与英国的第一个非官方协议，主要内容为：英国人在阿曼享有宗教信仰自由；英国人保留司法权力[2]。1670年，德国也拥有了以上提到的特许权，此后美国等国家相继得到特许权。1649年，纳西尔逝世后，其堂弟苏尔坦·本·赛伊夫·亚里巴（Sultan b. Saif al-Ya'aribi）将葡萄牙人逐出马斯喀特，这也标志着阿曼势力从海湾地区扩展到印度洋。苏尔坦当政时期，在尼兹瓦历时12年修建了圆城堡，修复了从伊兹基（Izki，又译艾兹基）到尼兹瓦的引水渠。他鼓励贸易，特别是阿曼的马匹出口，还向印度、波斯、也门、伊拉克等地派遣使者以增进交往。

苏尔坦逝世后，两位继任伊玛目分别为巴拉拉卜·本·苏尔坦（Balarab b. Sultan）、赛伊夫·本·苏尔坦（Saif b. Sultan），他们都继承了前任的扩张政策。巴拉拉卜将首都从尼兹瓦迁到新修建的吉布林

---

[1] Carol J. Riphenburg, Oman: Political Development in a Changing World, London: Praeger Publishers, 1998, p.29.

[2] Ian Skeet, Muscat and Oman: The End of an Era, London: Faber and Faber, 1994, p.65.

大城堡，并在新都创立学院，培养学者和经学家。赛伊夫当政期间，阿曼成为西印度洋的海上强国，舰队装备精良，所向披靡、屡建奇功。阿曼海军向葡萄牙、德国、英国、法国商船发起挑战，势力范围辐射到波斯海岸、海湾和东非[①]。1711年，赛伊夫之子苏尔坦·本·赛伊夫接任伊玛目，将首都迁往哈泽姆(Hazim)。1718年，苏尔坦·本·赛伊夫去世，阿曼国内陷入政治纷争，对伊玛目位置的争夺愈演愈烈，国家处于分裂状态，国势渐衰。

苏尔坦之子赛伊夫·本·苏尔坦二世（Saif b. Sultan Ⅱ）为争夺王位而向波斯求助。1742年，双方签约，赛伊夫承认波斯的宗主国地位，后者帮助前者夺回王位。波斯以帮助赛伊夫夺回王位为由，入侵阿曼并占领马斯喀特。1744年，亚里巴王朝灭亡。

三、赛义德王朝的近代统治（1743—1932）

1743年，赛伊夫·本·苏尔坦二世去世，赛义德家族的艾哈迈德·本·赛义德（Ahmed b. Said）担任苏哈尔州州长，控制了阿曼的沿海地区。当波斯军队围困苏哈尔城之时，他坚守城池，在物资奇缺的困境中最终迫使波斯军队撤出苏哈尔地区，退守马斯喀特。此后，艾哈迈德在拜尔卡（Barka）建立贸易市场，以抢夺波斯控制的马斯喀特的出口货物源头，断绝波斯军队的财源。此外，他看准时机，运用计谋在拜尔卡一举消灭了波斯军队。1749年秋，艾哈迈德在尼兹瓦被拥戴为阿曼伊玛目[②]。艾哈迈德担任伊玛目之初面临许多困难，阿曼饱受内战之苦，波斯虎视眈眈准备再次入侵阿曼，国内一些部落并不臣服于他，商贸业危机四伏，海外帝国势力范围丧失。艾哈迈德利用从俾路支、非洲招募来的奴隶军镇压伺机谋反的部落，并派遣一名总督到桑给巴尔建立阿曼在东非的政权，将商贸线路联通成为一线，马斯喀特的商业贸易重新兴盛起来。为扩大海上贸易，艾哈迈德建立了强大的海上舰队，恢复了亚里巴王朝称雄印度洋的强国地位。到1775年，阿曼已有战舰34艘，每艘战舰配有4~44门大炮；巡洋舰5艘，每舰配

---

① Carol J. Riphenburg, Oman: Political Development in a Changing World, London: Praeger Publishers, 1998, p.20.

② H. Jr. Calvin, Allen, Oman: The Modernization of the Sultanate, Boulder: Westview Press, 1987, pp.39-40.

备18~24门火炮；100余艘货船，每船配备8~14门火炮①。1776年，艾哈迈德派遣一支舰队前往巴士拉，解救了陷入重围的奥斯曼帝国军队。作为回报，奥斯曼帝国授予他也门和伊拉克之间咖啡贸易的垄断权②。

1783年，艾哈迈德去世，其子赛义德·本·艾哈迈德继位。但赛义德当政一年后便被儿子哈迈德·本·赛义德夺权，首都也被迁至马斯喀特。哈迈德自称"苏丹"③，国名改为"马斯喀特苏丹国"。然而，赛义德并未退位，而是仍以伊玛目的名号居住在鲁斯塔格，从而形成了苏丹和伊玛目的双重统治。哈迈德改变了伊玛目选举制度，实行世袭君主制，并被尊称为"赛义德"（Sayyid），即"幸福的人"。从此之后，赛义德王室的直系亲属都在名字前冠以"赛义德"的尊称。

1792年，哈迈德去世后，权力继承纷争凸显，最终其叔父苏尔坦·本·艾哈迈德夺权，后者控制了马斯喀特与全国大部分地区，翌年自封为苏丹，成为赛义德王室的第四任统治者。苏尔坦执政11年，积极拓展海上贸易，使得马斯喀特成为北到伊拉克的巴士拉、东到印度、西到东非海岸的贸易中心，欧洲与阿拉伯商船往来穿梭，使阿曼经济获得巨大利益。1804年，瓦哈比派和卡瓦希姆人入侵阿曼，苏尔坦乘船前往巴士拉请求奥斯曼帝国派兵援助，在回国途中遭海盗袭击，因头部受重伤离世④。

1804年，苏尔坦之子赛义德·本·苏尔坦继位，当时他不满17岁。在赛义德的统治下，阿曼帝国在19世纪中期达到了历史的巅峰，他也被称为"赛义德大帝"。1856年，赛义德·本·苏尔坦因病去世，其子马斯喀特州长苏维尼继承王位；另一个儿子马吉德任桑给巴尔和东非总督，管辖东非地区。但马吉德争权心切，双方纷争骤起，经英国政府出面调解后，一个强大的阿曼和东非帝国分为两个独立的国家，苏维尼任阿曼苏丹，马吉德任桑给巴尔苏丹，桑给巴尔每年给阿曼4

---

① 袁鲁林，萧泽贤：《赛义德王朝的兴衰与当代阿曼的复兴》，《西亚非洲》，1992年第6期，第63页。

② Carol J. Riphenburg, Oman: Political Development in a Changing World, London: Praeger Publishers, 1998, p.33.

③ Sultan，又译素丹。

④ Patricia Risso, Oman and Muscat: An Early Modern History, New York: St. Martin's Press, 1986, pp.179-180.

万英镑贡金①。1862年，英国和法国在巴黎发表联合声明，尊重这两个苏丹国的独立主权，从此之后，"亚非第一海上大国"分裂为两个国家。

1856年，苏维尼·本·赛义德继任阿曼苏丹后，屡次上演兄弟阋墙、弑父杀兄的王权争锋，直至1871年图尔基在英国人支持下登上苏丹宝座。英国人曾授予图尔基·赛义德许多高贵的称号，并声言保证让其子费萨尔继承王位。1888年，图尔基去世后，费萨尔如期即位。1891年，阿曼同英国签订贸易和航海条约，规定：阿曼对进口英国货物免除关税，阿曼制定的关税政策必须征得英国的同意，阿曼的航海事业也必须置于英国的监督之下。费萨尔还向英国人保证，他本人和其继任者及子孙们除向英国外，不出卖、不抵押、不出让阿曼苏丹国的任何部分②。1894年，英法争夺海湾和印度洋的霸权，法国派出常驻马斯喀特的领事，费萨尔为削弱英国人的控制，采用制衡计谋，同意法国在马斯喀特建立货栈，阿曼商船可悬挂法国国旗。英国知道此事后大为光火，威胁费萨尔接受英国的保护，否则就要摧毁阿曼的首都和费萨尔的王宫。出于无奈，费萨尔被迫取消了与法国签订的协议。

1898年，英国迫使费萨尔签订了第一个防御条约，规定由英国人监督阿曼的对外关系，充当阿曼的对外代表，阿曼王室因此全面受制于英国。1913年，费萨尔抑郁而终，其子泰穆尔继位。然而，泰穆尔在登基时，发表了由英国人起草的保证英国在阿曼利益的"登基公告"。这使得各部落对泰穆尔及亲英势力极为不满，最终于1913年在塔努夫（Tanuf）推举萨利姆·本·拉希德·哈尔蒂（Salim b. Rashid al-Harthi）为伊玛目，并于1915年在尼兹瓦成立"阿曼伊斯兰教长国"，进军马斯喀特。泰穆尔苏丹请英国施以援手，英国遂派遣印度军队击退了教长国军队的进攻。1920年9月25日，在英国人的调停之下，双方签订了《西卜条约》，规定：泰穆尔苏丹同意不干涉中部阿曼（即教长国）的内政，对内地通过马斯喀特的货物征税不超过5%，同意各部落的人自由出入马斯喀特和沿海城镇③。由此，阿曼分为"马斯

---

① Carol J. Riphenburg, Oman: Political Development in a Changing World, London: Praeger Publishers, 1998, p.36.

② Ian Skeet, Muscat and Oman: The End of an Era, London: Faber and Faber, 1994, p.51.

③ Francis Owtram, A Modern History of Oman: Formation of the State since 1920, London: I.B. Tauris, 2004, p.50.

喀特苏丹国"和"阿曼伊斯兰教长国"两部分。

像绝大多数殖民地半殖民地国家一样，泰穆尔苏丹统治下的阿曼，深受内忧外患之苦，国家财政拮据，民众贫穷，还受到英国派出的政治、军事和财务"顾问"的掌控。阿曼的财政大权便由英国人伯特里恩·托马（Bertrean Thoma）执掌。泰穆尔面对此情形悲愤交加又无可奈何。1928年，泰穆尔苏丹不顾英国人的威胁，写了一份退位书，提名其子赛义德继承王位，从此前往国外居住。1935年，泰穆尔死于孟买。

第四节　现代时期

1932年2月，作为赛义德家族的第十四任统治者，泰穆尔的长子赛义德正式即位，他与其父亲一样发表了忠于英国的即位声明，英国的政治、军事和财政"顾问"也同样掌控着赛义德政权。此时的赛义德苏丹面临的最大难题便是财政危机。

一是战争使得阿曼国内的商品出口发生困难。阿曼农民的主要农产品为椰枣、香蕉等，此外还有畜牧业和捕鱼业。然而，适逢世界经济危机和受战争破坏的经济贸易停滞，关税收入急剧下降。与此同时，持续的战争导致物资需求增大及国内通货膨胀严重。赛义德只能通过向民众加收新税、接受英国援助的方法来缓解经济危机。此外，阿曼国内持续的干旱又恶化了国内的经济形势，使得许多阿曼农民迫不得已迁往印度。

二是阿曼国内缺乏现代意义上的金融体系，银行与财政系统所承担的主要功能是传统的货币兑换媒介，且利用印度的银行系统进行交易。1944年，英国调查组来到马斯喀特，考察的结论为阿曼银行业前景堪忧。此后，英国考虑在马斯喀特设立支行，并要求垄断阿曼的银行系统。1948年7月，阿曼苏丹与英国帝国银行（1952年后改为中东英国银行）签署了为期20年的垄断合同。

三是阿曼虽然早在1925年就开始出口石油，但石油出口的权益都控制在英国公司手中，石油产量也较低。中东地区，外国石油公司将大多资金投到科威特和沙特阿拉伯等地的油田，而忽视阿曼的石油开发。为改变阿曼石油业的被动局面，赛义德想与美国的加利福尼亚标准石油公司谈判，但英国引用1923年与阿曼签订的石油协议①，否决了赛义德与美国石油公司合作的动议。1947年至1949年，伊拉克石油公司准备与阿曼地方部落酋长直接谈判，但由于赛义德苏丹对地方部落酋长提出警告，双方停止了交易。

总体而言，在赛义德统治的前20年，阿曼的基础设施有了初步改善，开始修建交通和通信设施，马斯喀特的街道上开始有汽车和摩托车行驶。马斯喀特和马特拉之间的公路使两个城市之间畅通无阻，且有电话线连接。教育方面，沿海较为繁荣的城镇和村庄里陆续修建了一些伊斯兰经学校，教育得到一定程度的普及。小学生上学年龄为5~12岁，主要学习内容为背诵《古兰经》。1940年，阿曼政府在马斯喀特创办了第一所大学，学制五年，主要学习阿拉伯语，高年级则学习英语。赛义德时期，阿曼还开始修建医院，1935年保罗·哈里森（Paul Harrison）医生在马特拉建立医院。1948年，赛义德在马斯喀特建立慈善医院，由英国领事馆人员管理。

第五节　当代时期

第二次世界大战结束，世界进入当代史，此时的阿曼正弥漫着战争的硝烟。1952年8月31日，沙特阿拉伯军队占领了布赖米绿洲，宣布对绿洲9个村庄拥有统治权，并得到了当地部落酋长拉希德·本·哈马德（Rashid b. Hamad）的支持。赛义德立即整顿军队，号召当地部落解放绿洲，也得到了穆罕默德·哈里里（Muhammad al-Khalili）伊玛目的支持。在赛义德·艾哈迈德·本·易卜拉欣（Sayyid Ahmad b. Ibrahim）的指挥下，大军准备从苏哈尔出发发起进攻。然而，英国驻马斯喀特领事接到英国政府下达要求停止军事行动的命令，赛义德苏丹被迫解散军队。

这使得赛义德意识到了建立一支新军的重要性。1953年，赛义德解除了马斯喀特步兵队指挥官的职务，代之以英国的退役陆军中尉帕特·沃特菲尔德（Pat Waterfield）。在帕特的训练之下，阿曼军队的战

---

① 该协议规定，未经与英国政府协商，阿曼苏丹不能将国内的石油资源提供给他国开采，英国在这一问题上拥有否决权。

斗力日益增强。此外，赛义德还邀请参加过巴勒斯坦与厄立特里亚战争的克林·马克斯维尔（Colin Maxwell）将军和曾经在沙特阿拉伯做过军事顾问的约翰·阿米拉格（John Armitrage）将军训练了一支名叫巴提纳的沿海部队，这支部队的使命是保卫阿曼沿海领土，士兵则主要来自哈瓦斯纳（Hawasina）部落。

就在此时，阿曼石油开发公司（PDO）以提供军费为诱饵向阿曼政府施加压力，要求进入内地，特别是在贾巴勒·法胡德山（Jabal Fahud）地区进行石油勘探与开采。提出的条件是向赛义德苏丹提供资金，建立一支军队。这支军队在胡德夫（Hudf）地区活动，所以称为"胡德夫军队"，也就是阿曼和马斯喀特野战部队（MOFF）。该部队军官来自英国，向外交部部长负责。

1954年5月初，穆罕默德·哈里里伊玛目去世，35岁的加利卜·本·阿里·希纳（Ghalib b. Ali Hina）成为继任者。但是新伊玛目与其担任鲁斯塔格地区总督的兄长因伊卜里（Ibri）城市的治理归属权问题产生了冲突。加利卜伊玛目便任命新总督到伊卜里进行通告，赛义德苏丹提出了抗议，认为这件事属于他们的职权范围之内。同年，沙特阿拉伯军队入侵佐法尔地区，赛义德苏丹组成了佐法尔防御部队（Dhofar Defense Force, DDF）。苏丹与伊玛目的冲突、沙特阿拉伯的入侵，这两件事成为赛义德弹压新伊玛目的导火索和最佳契机。此时，阿曼解决布赖米绿洲问题的时机因得到英国支持而日益成熟。1955年秋，马斯喀特野战部队从伊卜里出发，占领了通往布赖米绿洲的要道；12月15日，伊玛目逃跑，尼兹瓦陷落；两天后，鲁斯塔格被占领，总督逃跑。随后伊玛目被捕，宣布效忠赛义德苏丹。但是，1956年之后，英国停止了对阿曼的财政津贴，阿曼政府财政难以为继，阿曼石油开发公司在法胡德地区的石油开采活动也以失败告终。1957年，阿曼中部的塔利卜（Talib）地区发生起义，宣布恢复教长国。起义军装备精良、人员齐整，远非赛义德军队所能比肩，赛义德无奈退回法胡德。伊玛目军队重新占领了尼兹瓦等地。

1958年7月25日，根据合作协议，英国政府向阿曼提供财政和军事援助，并帮助赛义德苏丹组建军队。但是，赛义德前往萨拉拉居住后仅能通过收音机、电话、电报或信件与马斯喀特联系，英国几乎控制了阿曼包括军队在内的所有事务。1959年1月12日，阿曼军队和佐法尔叛军展开决战，伊玛目军队不敌，宣布投降，英国宣布废除《西卜条约》，结束了伊玛目的统治[1]。面对这样的局面，赛义德苏丹筹建了自己的独立内阁，并寻求部落的支持。

1962年，壳牌石油公司在伊巴勒（Yibal）、纳提赫（Natih）和佐法尔等地发现了石油，赛义德的许多亲友都获得了沿海石油开发的特许权益，并尽量避免受到英国的控制。然而，在赛义德苏丹统治的后十年，苏丹为缓解财政紧张，还是于1958年以300万英镑的价格将瓜德尔市卖给了巴基斯坦。从内政治理上看，赛义德统治的最后岁月中，英国与阿曼政府合作，还是取得了一些发展成就。1959—1967年，英国要求阿曼建立一个发展委员会，每年投资25万英镑用于国内建设。虽然赛义德苏丹未予全力合作，资金也相对缺乏，但阿曼还是修建了从马斯喀特到苏哈尔的道路、20个医疗健康中心，建设了灌溉工程，并在苏哈尔地区开发农场。

然而，有限的发展并不能提升赛义德苏丹持续下降的国内支持率。事实上，伊玛目与苏丹的矛盾一直未能缓解，佐法尔地区还发生了大规模、持续时间较长的武装叛乱。到1970年，赛义德成为阿曼国内矛盾的焦点。7月23日，以卡布斯·本·赛义德为首的反对派发动政变，其父赛义德苏丹在作战中受伤，被迫逃亡伦敦。7月26日，卡布斯通过电台向全国发布赛义德退位的消息。7月29日，英国政府宣布承认卡布斯苏丹政权。翌日，卡布斯在马斯喀特继承了王位，登上阿曼苏丹宝座。

1970年7月23日，卡布斯在政变以后就向全体国民宣布："我将殚精竭虑地工作，让你们过上幸福的生活，并拥有一个美好的未来。"[2] 卡布斯苏丹执政初期在筹建政府的事务上表现出宽容大度的品德，1970年8月，他授意邀请流亡德国的叔父赛义德·塔里克（Sayyid Tariq）回国担任首相职务。塔里克的主要职责是组建内阁，并就阿曼的经济、政治、社会、行政管理事务以及法律制定等问题向苏丹提供意见和决策。

卡布斯苏丹执政初期致力于阿曼军队的现代化建设，并取得了平

---

[1] Carol J. Riphenburg, Oman: Political Development in a Changing World, London: Praeger Publishers, 1998, p.47.

[2] Christine Osborne, The Gulf States and Oman, London: Croom Helm, 1977, p.130.

息佐法尔地区武装叛乱①的胜利。20世纪60年代之后，在英国先进军事思想和理念的影响下，阿曼的海陆空三军趋于现代化。卡布斯苏丹执政后，采用英国人约翰·瓦特（John Watt）的计策，对叛军实施心理战，颁布新法令以赦免向政府投降的佐法尔游击队成员。这一措施取得了成效，叛军东部地区的副指挥官萨利姆·穆巴拉克（Salim Mubarak）率部队投诚，被阿曼政府收编，更名为乡村护卫队。

1970年8月，卡布斯建立苏丹皇家军队（Sultan's Armed Forces, SAF），并成立佐法尔战争委员会，任命陆军上校麦克·哈维（Mike Harvey）为军队总指挥。从1971年开始，阿曼从英国购买巡洋舰"赛义德号"、3艘巡逻快艇、4艘导弹快艇、12架直升机以及15架其他型号飞机。1971年10月1日，阿曼新政府对佐法尔游击队发动代号为"美洲虎行动"的战略进攻，进攻主力为200名英国特别空军部队成员以及阿曼陆军部队（SOLF）的350人和阿曼准军事部队的350人。"美洲虎行动"取得了一定的进展，但阿曼财政陷入困境。此时伊朗扎萨汗政府及时施以援手，阿曼军队才彻底击败了佐法尔游击队。1972年12月，伊朗派出1 200人的援军，他们骁勇善战、所向披靡，并于1974年10月将攻克的战略要地转交给阿曼军队。1974年底，伊朗军队迅速切断了解放阿拉伯海湾地区人民阵线与佐法尔中部和东部军队的联系；1975年1月攻占佐法尔游击队首府；同年秋冬季节，阿曼军队肃清了佐法尔游击队的最后势力。1975年12月11日，卡布斯苏丹宣布佐法尔战争胜利。

整个20世纪七八十年代，卡布斯苏丹都是以基础设施建设、凝聚青年一代人共识、加强国民教育为治国中心。卡布斯执政之初，阿曼国内没有像样的机场、港口，大型基础设施的落后不光浪费了阿曼优越的地理位置，还严重制约了经济的发展。1973年12月23日，马斯喀特国际机场开工建设。该机场建成后，大型的客运和货运飞机得以起降，阿曼首都马斯喀特迅速成为所在地区的空港运输中心。1974年

---

① 1962年，一些佐法尔籍的阿拉伯民族主义者和流散民众组成了"佐法尔解放阵线"（Dhofar Liberation Front, DLF），不久"佐法尔士兵组织"（The Organization of Dhofari Soldier, ODS）并入佐法尔解放阵线，接受伊拉克的物资援助和军事训练。1967年，也门民主人民共和国成立以后，开始向佐法尔游击队供应武器和其他物资。1969年8月，佐法尔解放阵线改名为"解放阿拉伯海湾地区人民阵线"，控制了佐法尔省2/3的地区。

11月20日，阿曼兴建卡布斯苏丹港，其目的是拓展水路交通联系。卡布斯苏丹港位于东西方航运的主航道之上，连接西面欧洲、地中海、非洲港口和东方印巴次大陆及东南亚的港口，是具有重要战略价值的海运十字路口。卡布斯苏丹港建立后，在短期内便迅速提升了阿曼的航运水平。在国际组织方面，阿曼加入国际民用航空组织（International Civil Aviation Authority）和阿拉伯民用航空组织（Arab Civil Aviation Organization），还成了世界气象组织（World Meteorological Organization）的成员国。

由于国家刚走出战争，百废待兴，卡布斯苏丹注重团结年轻一代人的共识，培养他们成为阿曼复兴的主力军。这主要因为，一是阿曼国家成立后需要民众的相互融合，加强下一代人的国家认同感便是巩固国家的根基；二是阿曼需要大批有文化知识的青年人投身国家的现代化建设。20世纪80年代，青年事务高级委员会（Higher Council for Youth Welfare）建立，政府连续实施多个项目，用以支持青年人发展，给他们提供培训机会并鼓舞青年人的理想和抱负。1982年11月18日，卡布斯苏丹在阿曼现代复兴12周年纪念日上宣布建设复兴之路的基石——卡布斯苏丹大学，并发表了激动人心的讲话："我们将要建立许多大学，这是一个庞大的计划。如果一切顺利的话，我们将打造成青春洋溢之城。我们创办了青年事务高级委员会，并将1983年定为阿曼青年年……所有这些都将使青年人发挥突出的作用，他们将有应有尽有的机会去施展抱负，充满活力地在各行各业尽其所能。"①

20世纪90年代，阿曼的现代治理体系趋于完善，现代复兴的各方面计划都取得了突破性的进展。在这十年中，阿曼国家比较完备的现代政治治理结构逐渐建立起来，遵循法律原则的国家行政机关、议会、法院等政治结构的现代化大幅度提升。1991年11月12日，根据94号国王令，阿曼建立协商会议（Shura Council）。协商会议是1981年10月18日建立的协商委员会（Consultative Council）的进一步发展，代表了阿曼民主化的前进，正如卡布斯苏丹所保证的一样，将会"建立一个有效的基于真正协商基础上，发源于我们国家自身文化遗产，以及伊斯兰原则和历史价值观上的，与我们时代相契合的协商方

---

① Sultanate of Oman Ministry of Information, Oman 2015, pp.53-54.

法及机构"①。将谅解和共识因素融入协商、公正、平等和参与的公共事务中是阿曼政府体系的必要组成部分。

21世纪开始以后，阿曼开始加速推进经济多元化步伐，其中最重要的抓手便是发展工业化，降低石油工业在政府财政中的比重。因此，阿曼着力推动工业化、科技化、集成化的经济产业发展，并首先关注制造业领域。先后建立位于马斯喀特省的鲁塞欧工业区、中北省的苏哈尔工业区、佐法尔省的赖苏特工业区、内地省的尼兹瓦工业区、东南省的苏尔工业区、布赖米省的布赖米工业区，以及2010年宣布建设的苏麦里奥工业区。根据第119/2011号国王令，2011年10月26日，阿曼国家经济效能提升的关键所在——杜格姆特别经济区（Duqm Special Economic Zone）开始兴建。杜格姆特别经济区建成后将会成为阿曼经济发展的强大动力，并使经济发展成果更加平均均惠及各个省份。

阿拉伯剧变爆发后，阿曼政局总体稳定，但在苏哈尔、塞拉莱等地区爆发了抗议示威活动。在抗议活动被迅速平息后，阿曼开始调整政治结构，扩大民众的政治参与，并加强对民众的文化服务。2011年10月19日，阿曼将《国家基本法》进行修订并重新颁布，新修订的基本法更加强调了民众的权利与义务，明确了政府各部门的管理责任。与旧《国家基本法》相比，其不仅进一步凸显了现代民族国家属性，还扩大了民众的政治参与权利。此外，自2011年起，阿曼新成立了最高规划委员会、国家财政与行政审计署、教育委员会、投资促进与出口发展局、人力资源注册局、杜格姆特别经济区管理局等；同时对诸如财政事务与能源资源委员会、阿曼中央银行理事会等机构进行了改组和重组。对政府单位的重新布局和调整加强了阿曼的行政治理效能，能够为民众提供更优良的公共服务。

阿曼在卡布斯苏丹的领导下不仅进行了大刀阔斧的政府机构改革，还大力推进公众文化服务，增强民众的凝聚力并激发他们的创造力、创新性和爱国情怀，更重要的是培育起社会团结发展，政府及民众之间具有凝聚力和高效率的互动作用。2015年7月14日，阿曼政府在内地省的麦纳建成了阿曼博物馆，这座博物馆立足于民族国家历史自豪感和独立思维意识，成为阿曼悠久的历史与荣耀的复兴时期的见证。该博物馆落成后吸引了络绎不绝的民众前来参观②。

① Sultanate of Oman Ministry of Information, Oman 2015, p.55.
② Sultanate of Oman Ministry of Information, Oman 2015, pp.61-62.

第三章 政治

第一节 国家标志

国家标志是一个国家的象征,包括国名、国旗、国徽、国歌、国花等。阿曼为国家名称的简称,国名全称为阿曼苏丹国,英文名为 The Sultanate of Oman。

阿曼国旗为长方形,长宽之比为2∶1。旗面由红、白、绿三色组成。红色部分在旗面上形成横的"T"字图案。旗面的右侧上、下分别为白、绿色长方形,中间被红色宽条隔开。红色象征吉祥,白色象征和平与纯洁,绿色象征大地。左边的红带上有国徽图案。

阿曼国徽是两把带刻有花纹刀鞘的阿拉伯弯刀、一把带剑鞘的阿曼短剑以及宝剑佩带,整体象征人民不惜以武力捍卫国家主权和独立,也表示阿曼人民保卫国家主权和独立的决心与力量。

阿曼国歌为《苏丹颂歌》,旋律悠扬,歌词大意为:"真主啊,请保佑苏丹陛下和我们国家的人民以荣耀平安。愿陛下长寿,强壮,天赐统治，永得民心，我们愿意保护他。阿曼啊，自先知时代开始我们便是最高尚的阿拉伯人中具有奉献精神的人，幸福快乐！卡布斯的统治到来，愿真主保佑他，使他康乐并颂扬保卫信道者的功绩。"

阿曼的国花是郁金香，郁金香在世界各地均有种植，也是荷兰、新西兰、伊朗、土耳其、土库曼斯坦等国的国花，被称为世界花后，象征着博爱、体贴、高雅、富贵、慈善、名誉、美丽和永恒的祝福。

第二节　国家基本法

阿曼作为君主制国家，没有宪法，所有法律、法令都由苏丹颁布。1996年11月6日，根据101号国王令，阿曼《国家基本法》正式颁布。基本法是在1970年以来国家和社会发展的新背景下颁布的，能够切合时代的发展需要，更进一步地支持人民雄心抱负的实施。《国家基本法》的颁布成为阿曼国家政治体系构建的一个里程碑。阿曼的《国家基本法》关涉阿曼政治、经济、社会等领域的未来发展。《国家基本法》修正和巩固了国家各个层面的政策准则，形成了清晰、明确、综合的法律框架。以基本法为基础，阿曼开始重新构建社会的各个组织和政府机关单位，并重新梳理了国家和社会之间互动的法律和治理原则。

2011年初，受西亚和北非地区局势动荡影响，阿曼局部出现小规模游行示威活动。卡布斯苏丹迅速采取应对措施，大幅改组内阁，修订《国家基本法》，赋予协商会议更大权力；加快民主化进程，在协商会议议员普选基础上，实现协商会议主席、副主席由协商会议议员直选。根据皇家谕令99/2011条，2011年10月19日，阿曼对《国家基本法》进行了修改。《国家基本法》相当于宪法，共有七部分八十一个条款：第一部分为国家及政府体系；第二部分为国家的政策指导原则；第三部分为公众权利与责任；第四部分为国家首脑；第五部分为阿曼议会；第六部分为司法制度；第七部分为总则[①]。

因为卡布斯苏丹没有子嗣，因此《国家基本法》对王位继承权做

---

① Basic Law of the Sultanate of Oman (as last amended by Royal Decree No.99/2011), www.wipo.int.

出了规定，基本法第五条规定，阿曼苏丹国实行君主世袭政体，王位由卡布斯曾祖父赛义德·本·苏尔坦家族的男性后代继承。王位继承人应是伊斯兰教的忠实信徒，具有高瞻远瞩的眼界和博大的胸襟。在王位空缺3日内，由王室委员会为卡布斯苏丹选出继承人；当王室委员会成员不能达成共识时，国防委员会有权打开卡布斯致王室委员会的遗嘱，遗嘱上面明确指定了王位继承人。

《国家基本法》较为全面地体现了在伊斯兰教和君主制框架下的阿曼民主理念，规定阿曼委员会包括协商会议和国务委员会两部分。阿曼委员会协助政府起草国家法律，苏丹有权对其进行征召，以研究讨论各种问题，并在大多数通过的前提下起草法案。卡布斯规定，内阁、国务委员会和协商会议要定期举行公开会议，所有成员均需出席，以确保政府政务的透明、公正。此外，阿曼政府还设有大臣会议，用来加强内阁、国务委员会和协商会议之间的沟通和协调，设立初衷是有效调节立法和行政机关之间的关系，增进二者之间的相互谅解，从而调动各部门的积极性，使其工作更加卓有成效。用卡布斯苏丹的话来说，这种精神的要旨是"只有调动了整个民族的积极性，才能开发整个国家国民的潜能，实现阿曼苏丹国的复兴目标"[①]。

《国家基本法》还体现出两大特征：一是十分重视伊斯兰教的作用以及对宗教事务的管理。全国伊斯兰教事务由宗教基金会和伊斯兰事务部主管，其职责包括管理宗教学会和讲授《古兰经》的学校。卡布斯苏丹则认为，伊斯兰教和现代国家是相容的，伊斯兰教应该采取务实的态度适应世界潮流的变迁。二是基本法相对注重保护公民的自由权利，强调男女在教育、经济、社会和文化发展等层面所享有的权利。

第三节　议会

阿曼没有设立西方形式的议会，而是根据伊斯兰民主传统和自身文化中的协商原则，设立了协商会议，它在一定程度上承担着下议院的作用；国家委员会与西方民主政治体制中的上议院有一定相似性。

---

① 《阿曼2004—2005》，阿曼新闻部，第41页。

此外，2011年后建立的市政委员会是地方协商民主的具体机构，有一定的地方议会的色彩。

一、协商会议

1991年11月，阿曼正式成立协商会议（舒拉），其前身是1981年成立的国家咨询委员会，总体而言，其政治功能相当于"下院"。1970年，卡布斯苏丹在对阿曼全体国民发表的演讲中说："我向你们承诺，我要做的第一件事情就是尽快开始政府的现代化改造。"[1]其中国家咨询委员会的建立便是阿曼作为现代国家"参与型政治"进程中的重要举措。20世纪80年代，阿曼加快了政治民主化进程。1981年11月，卡布斯苏丹倡导和支持下的国家咨询委员会设立，其在每年4月到次年10月之间召开会议，主要讨论与国家经济有关的事务，并且鼓励国民对经济发展献计献策。卡布斯苏丹强调，虽然国家咨询委员会仅限于经济领域，但"我们的最终目标就是允许大多数国民参与政治决策，执行我们的经济发展计划"[2]。国家咨询委员会成立之初有44名成员：16名来自政府部门，11名来自私营部门，17名来自其他部门。1983年，国家咨询委员会成员增加到55人，其中19人来自政府，25人来自各个地区[3]。卡布斯苏丹执掌着包括主席与副主席在内的国家咨询委员会成员的任命权。

海湾战争后，海湾各君主国顺应政治民主化的趋势，相继成立协商会议，以使更多民众参与到国家决策中来。1990年，卡布斯苏丹宣布建立国家协商会议以代替国家咨询委员会，扩大民众参与的范围，调动民众参与政治的积极性。协商会议的成立标志着阿曼"参与型政治"逐渐走向成熟。阿曼前驻美国大使萨达卡·苏莱曼说："从语源学的角度来说，'舒拉'（shura）来自词根shawr，意思为协商、建议。它要求民众在宽泛的范围内参与协商、集思广益。协商会议的成立表

---

[1] 《阿曼2004—2005》，阿曼新闻部，第33页。

[2] Qaboos, The Royal Speeches of HM Sultan Qaboos bin Said 1970—1995, Muscat: Ministry of Information, 1995, p.93.

[3] Carol J.Riphenburg, Oman: Political Development in a Changing World, London: Praeger Publishers, 1998, p.97.

第三章 政治

明阿曼政治趋向民主。"①

1991年底，阿曼第一届协商会议经全体国民选举产生，但会议主席由卡布斯苏丹任命。协商会议包括主席和两名副主席，会议成员每届任期3年，任职期满后可以再次参加竞选。候选人要求为：年龄满30周岁，德高望重，没有任何犯罪记录。卡布斯苏丹在协商会议成立大会上讲道："协商会议的出现标志着阿曼新时代的开始。"② 卡布斯苏丹规定协商会议的主要职权是：1.负责对政府各部制定的有关经济、社会等方面的法规草案进行审议，未经协商会议审议的法规不得颁布实施；2.对危及阿曼现行的政治、经济、社会等方面的法规提出合理的修订意见；3.审议、修订政府的总体政策；4.担当政府参谋，向政府工作提出合理化建议；5.参与制定阿曼具有战略意义的发展规划，并协助政府实施；6.根据各地区的具体情况，协助政府提高阿曼国民的文化水平；7.为加强政府与国民之间的联系起到桥梁作用；8.参与阿曼的环境保护工作，防止生态恶化；9.关注公共福利事业和国家经济建设。

2003年10月，在第五届阿曼协商会议上，对成员及政策做出了局部调整，主要变化为：1.协商会议成员的任期延长至4年，凡得到选民继续支持的现有成员可以连选连任；2.协商会议有权审议法律草案、修改现行法律，政府制订的《五年发展计划》和国家预算必须经协商会议认可方可具备法律效力；3.协商会议通过主要机构及其成员以不同方式履行其在立法、经济和社会等方面的职权；4.扩大选举权。

此外，自2003年起，协商会议以州为选区实现普选，所有年满21岁且具有完全民事行为能力的阿曼公民均可投票。2007年，卡布斯苏丹颁布谕令，进一步解除对协商会议议员候选人资格的限制。2011年10月，卡布斯苏丹颁布修订后的《国家基本法》，赋予协商会议更大权力，包括对法律、预算、条约、审计报告等的修改权和建议权，以及对政府部门的监督权和质询权等。协商会议主席也由苏丹任命改为协商会议议员直接选举产生。目前的协商会议是第八届，于2015年

---

① Sadek Jawad Sulaiman, "The Shura Principle in Islam",(Al-Hewar Center, Inc., 1999), p.2.

② Carol J. Riphenburg, Oman: Political Development in a Changing World, London: Praeger Publishers, 1998, p.98.

10月经选举产生，共有议员85人，代表阿曼的61个州，任期4年，可连任。现任主席哈立德·本·希拉勒·马瓦利（Khalid b. Hilal al-Ma'awali），2011年10月首次当选，2015年11月再次当选[①]。

二、国家委员会

阿曼的国家委员会相当于"议会上院"。1997年12月27日，阿曼根据《国家基本法》第五十八条的规定成立国家委员会，其职能为：讨论所有与国家发展相关的问题，努力协调如协商会议等国家有关机构与行政机构之间、政府与个人之间的关系，确保达到相互谅解。卡布斯苏丹认为国家委员会是构成阿曼社会大厦的强有力的基石。国家委员会成员的当选标准有以下三点：1.必须具有阿曼国籍；2.年龄需满40周岁；3.在阿曼享有崇高威望。国家委员会主席和成员大都来自前任大臣、次大臣或同级别官员、前任大使、前任大法官、退休高级官员、科学家、高等院校的学术权威等，对其任命需依据皇家谕令。

国家委员会的办公地址设在马斯喀特，每年召开4次会议，也可根据具体特殊情况由国家委员会主席召开临时会议。阿曼国家委员会下设法律、社会、经济工作分委员会，负责向苏丹或大臣会议提交议案和建议，委员会主席还需要提交年度述职报告。根据阿曼政策规定，国家委员会与协商会议的成员任职不可冲突，且前者成员数量不能多于后者。此外，还规定政府部门的现任官员不能同时在国家委员会任职，但高等院校专家、科学家、文学家除外。目前的国家委员会是第六届，于2015年11月产生，共有委员85人。现任主席叶海亚·本·马哈福兹·蒙泽里（Yahya b. Mahfoudh al-Manthri）2004年3月就任并连任至今。

三、市政委员会

依据2011年第116/2011号皇家谕令，阿曼市政委员会建立。阿曼市政委员会的建立旨在拓展民众在新时期的政治参与范围，将社会和政府整合为更加紧密的共生关系。在运行模式上，市政委员会与协商会议一同拟定和修订发展计划，将不同地区的实际需要加以整合，以

[①] 中华人民共和国外交部，http://www.fmprc.gov.cn/web/gjhdq_676201/gj_676203/yz_676205/1206_676259/1206x0_676261/。

便打造出整体的国家发展战略。

2012年12月22日，阿曼市政委员会第一任期开始，在任期内市政委员会的代表们围绕各省区民众聚焦的经济和社会问题举行定期会议，对各省民众不同的发展要求进行整理研究。阿曼市政委员会的代表们在工作中认真负责，他们严谨地随访相关事件，以当地群体需求为基础，依靠协商的方式提交给相关政府部门，在处理发展需要与当地群体期望时有着专注和负责的态度。此外，市政委员会还与政府部门进行更为紧密的合作和互动，以落实国家的综合发展目标。

依照2011年第116号皇家谕令所颁布的市政委员会法案，以及2012年第15号首相令所制定的实施准则，市政委员会委员共192名，分布于阿曼的11个省份：马斯喀特省26名、佐法尔省24名、穆桑代姆省8名、布赖米省8名、内地省26名、中北省28名、中南省22名、东南省16名、东北省16名、扎希拉省10名、中部省8名。除了由市民选出的192名委员，市政委员会还有政府部门的代表，由部长级或与部长级别相当的部门主管组成。与市政委员会密切联系的政府部门主要有：地区市政和水资源或马斯喀特、佐法尔市政部门；教育部；住房部；卫生部；社会发展部；旅游部；环境和气候事务部；皇家警察局、中北省的佐法尔市政部门等。

为规定市政委员会的具体职责权限，明晰其在国家一般权力和发展计划的框架之下所应行使的职责，阿曼颁布了《市政委员会法》。该法强调市政委员会的职责应在如下领域协调各自的部门：建立、改善和美化街道、公共场所和海滩；公共卫生和防止环境污染措施；水资源利用、污水处理；街道照明；学校、住房和礼拜场所的建设和修缮；卫生和商业中心的建设和修缮；汽车公园的建设和修缮。此外，市政委员会也与各自部门协调并针对相关领域提出建议，包括公园、娱乐区域、防止海滩污染、防止海岸侵蚀等。

总体而言，阿曼市政委员会成为2011年以后阿曼政府扩大民众政治与社会参与的有效措施，为商讨和解决民众最为关心和涉及切身利益的基础设施建设等问题提供了新的途径，受到了民众的欢迎。但市政委员会仍有一些制度缺陷：一是该委员会以协调各部门为主要职责，并不具有强力的法律权力；二是市政委员分散于全国各省，缺乏统一的管理机制；三是市政委员会的经费属于各省划拨，从财政角度上讲并不独立，限制了其向制度纵深发展。虽然有一些制度缺陷，但不可否认的是，市政委员会是阿曼扩大民众参与的重要举措，并将发挥越来越大的制度效力。

第四节 苏丹

阿曼实行世袭君主制，君主即为国家元首，被称为苏丹，也被尊称为陛下，其在立法、行政、司法、军事、财政等方面拥有至高无上的绝对权力。阿曼作为绝对君主制国家，苏丹兼任政府首相和武装力量最高统帅，亲自掌管国防、外交等重要部门，政府副首相、大臣、次大臣均由苏丹任命，集体向苏丹负责。阿曼的《国家基本法》规定，苏丹的职责包括：维护国家主权独立和领土完整；关心国民权利和自由；制定国家大政方针；宣布国家紧急状态和战争；对外缔结条约；颁布国家总体预算；批准国家所有法律、法令以及签订条约、协定、公约。苏丹处理行政事务的基本程序为，先由顾问与有关部门或委员会协商提出处理意见，然后呈交苏丹决策，苏丹按照相关部门意见发出指示，由国家相关机构执行。苏丹的特别代表是一人之下、万人之上的第二号实权人物。

卡布斯·本·赛义德苏丹兼任首相和外交、国防、财政大臣。卡布斯苏丹1940年11月18日出生于阿曼南部佐法尔省省会萨拉拉，是阿曼赛义德王朝第14位君主。1961年毕业于英国桑赫斯特皇家军事学院，后在英国苏格兰步枪营任中尉并在德国服役，1964年返回阿曼。1970年7月23日登基[1]。卡布斯苏丹笃信伊斯兰教，是一位虔诚的穆斯林，但他在国外的经历使他具有较强的现代文明意识。返回阿曼后，由于表达对国内现实状况的不满而被软禁6年之久。在此期间，卡布斯系统地学习了伊斯兰教的历史。卡布斯的执政风格非常稳健，他关心民众疾苦，广开言路，大刀阔斧地进行行政改革，镇压国内叛军势力。尤为值得称道的是卡布斯苏丹的"亲民之旅"。每年中总有几个星期时间，卡布斯苏丹通常从马斯喀特出发，途经阿曼各个地区，

---

[1] 中华人民共和国驻阿曼苏丹国大使馆，http://om.chineseembassy.org/chn/zjam/amgk/。

在佐法尔省的萨拉拉结束。卡布斯每走访一个城市，都与当地国民进行交流，了解社会底层国民的生活，为公众提供更多的参与决策的机会。"亲民之旅"取得了良好效果，人们可以通过与卡布斯苏丹近距离的交流，为苏丹的治国方略提供建议，也满足了阿曼国民对苏丹本人的崇敬与向往，拉近了国王与民众之间的距离。此外，卡布斯还在"亲民之旅"中接见当地政府官员，深入调查该地区的政治、经济发展和存在的问题。卡布斯苏丹自己总结道："我们要亲自来看看你们的生活，商讨和倾听你们的意见，然后再决定我们应该做哪些工作。"①

第五节　政府

一、内阁

本届内阁于1997年组成，经过数次调整，最近一次为2011年3月，调整原因主要为应对民众支持变革的呼声。除卡布斯苏丹亲自任首相兼外交、国防、财政大臣外，还有阁员30名，主要有：内阁事务副首相法赫德·本·马哈茂德·赛义德亲王（Fahd b. Mahmoud al-Said）、遗产和文化大臣海塞姆·本·塔里格·赛义德亲王（Haitham b. Tariq al-Said）、宫廷大臣哈立德·本·希拉勒·布赛义迪（Khalid b. Hilal al-Busaidi）、苏丹办公厅大臣苏尔坦·本·穆罕默德·努阿玛尼上将（Sultan b. Mohammed al-Nuamani）、国防事务主管大臣巴德尔·本·萨乌德·本·哈利卜·布赛义迪（Badr b. Saud b. Haleb al-Busaidi）、内政大臣哈姆德·本·费萨尔·布赛义迪（Hamoud b. Faisal al-Busaidi）、外交事务主管大臣尤素福·本·阿拉维·本·阿卜杜拉（Yousuf b. Alawi b. Abdullah）、财政事务主管大臣达尔维什·本·伊斯梅尔·本·阿里·巴鲁什（Darwish b. Ismail b. Ali al-Balushi）、石油和天然气大臣穆罕默德·本·哈马德·鲁姆希（Mohammed b. Hamad al-Rumhi）、商业和工业大臣阿里·本·马斯乌德·本·阿里·苏奈迪

---

① 《阿曼2004—2005》，阿曼新闻部，第59页。

（Ali b. Masoud b. Ali al-Sunaidy）、交通和通信大臣艾哈迈德·本·穆罕默德·本·萨利姆·福泰斯（Ahmed b. Mohammed b. Salim al-Futaisi）等[①]。总体而言，阿曼内阁有以下特点：

第一，王族在内阁中占据核心地位。自1997年以来，首相、副首相、遗产和文化大臣等人选都掌控在赛义德家族手中，如军事等重中之重的部门也处于卡布斯苏丹的直接管辖下，对内阁具有压制性。

第二，阿曼行政管理具有程序化和法制化的特点。早在1975年颁布的《国家行政组织法》就规定了政府的组成与职责，明确了苏丹、各部大臣以及其他行政机构的职能，并且明确规定由苏丹任命、首相领导下的内阁会议职责为草拟政府政策与发展项目的规划。针对内阁设立秘书处的功能规定其是协调大臣、内阁和苏丹之间关系和处理其他行政事务的部门。

第三，卡布斯苏丹逐渐减少对行政事务的干预，扩大了内阁的权力，但不能超出苏丹许可的范围。阿曼内阁形成之后，卡布斯苏丹出席和主持内阁会议，但经常遇到大臣不敢发言的尴尬局面，此后苏丹便不再参加会议，而是让私人秘书出面主持内阁会议。阿曼的内阁会议没有正式的议事日程和会议记录，内阁成员可以对国家大事公开评论。卡布斯苏丹一般都同意内阁会议对国家大事做出的决策，很少驳回或者否决内阁会议的决议。

二、行政体系

1988年，根据17/1988号皇家谕令，阿曼成立了行政事务部，主要负责监测和考评政府公务员，研究对他们的培训等问题，评估和监督行政事务政策的执行情况。由于阿曼社会人际关系复杂，常通过裙带关系选聘公务员和政府官员。为了规避这种情况，行政事务部引入了现代招聘系统，能够在较为公平、科学的基础上进行政府公务人员的选拔和任命。此外，阿曼的现代招聘系统将以前繁杂的程序简化，把申请者的资料信息记录在人力资源登记卡之上，并且与社会公共保障局的服务系统联网，且可以与其他行政部门进行数据共享。

阿曼行政体系的发展有三个特征：一是行政部门分类趋于合理

---

① 中国驻阿曼苏丹国大使馆，http://om.chineseembassy.org/chn/zjam/amgk/。

化，体现为专事专部，各部分工细化合理，有了现代化的行政治理框架；二是传统国家职能法制化，包括安全职能、司法职能、外交职能、国家经济管理职能等各部职能都被纳入法规管理的体系之内，有法可依；三是国家统筹指导行政方向。阿曼政府设立了专门的委员会，包括发展委员会、金融事务委员会、能源委员会、公共服务委员会等，这些委员会都在经济和社会发展方面发挥了指导作用。

1988年，阿曼根据卡布斯苏丹谕令设立了公共服务部，主要职责为：1.每半年进行工作规划和统计并公布统计结果，分发给政府各计划部门；负责政府工作细目的划分和研究，提出相关建议以待审批。2.审查各部门公务员的档案；改进政府部门的招聘公务员机制；促进政府雇员本土化。3.通过计算机将公共服务和各部门的人力资源数据进行联网，并对相关人员进行评估，运用电子手段发放身份证。人力资源数据库能够将行政事务信息及时有效地传送给政府各个部门，简化和加快人员的录用手续，使其更加公平透明。

同一年，阿曼政府设立公务员部，负责公务员招募、培训等事宜。《公务员法》规定，阿曼的大学毕业生可以不经考试直接被录取为公务员，并根据需要到政府部门任职。技术院校和高中毕业生则必须通过资格考试才得以成为公务人员。2000年以来，阿曼加强了公务员培训工作，阿曼《公务员法》明确提出"对公务员的培训和能力绩效评估是职业责任"，国家行政服务机构鼓励给所有公务员提供培训的机会，并对他们是否符合岗位需求做出能力绩效评估。根据阿曼政府数据显示，近年来阿曼公务员培训人数稳定增长，2015年上半年，有87 787名公务员接受了培训[①]。

三、地方政府机构

阿曼的地方情况较为复杂，各种关系盘根错节，主体保持着王室家族和上层精英联合治理的特点。马斯喀特省和佐法尔省的省长都来自王族，省长同时还兼任着内阁国务大臣。其他省份的省长大都来自名门望族，由卡布斯苏丹任命，任期一般为3~5年。省以下分为不同行政区，由酋长主持，其在民众与省长之间起到桥梁作用。然而，从

---

① Sultanate of Oman Ministry of Information, Oman 2015, p.209.

行政类别划分上看，省长是地方政府的代表，而不是行政主管人员。民众需要向省长请愿，省长再将相关意见传达到当地有关行政部门。省内的法律执行权控制在阿曼皇家警察的手中，当政府逮捕犯罪嫌疑人时，省长只有接受通知而无执行权力；地方市政当局和环境部门在省内举办活动时，省长有被告知权但无决定权。此外，省长也没有任命本省立法机构成员的权力。

卡布斯苏丹执政后，地方市政行政部门的权力不断扩大。从1972年起，马斯喀特、马特拉、尼兹瓦、苏哈尔、赛马伊勒、苏尔等城市陆续成为自治市。各地还成立了市、镇委员会，其成员主要从地方官员中挑选，由苏丹进行任命，职责主要为监督市镇当局的活动。市政行政当局除负责管理卫生设施外，还负责控制宠物、饮用水与食物安全以及城乡美化等问题，其所需资金基本来自地方和中央拨款。

司法部的伊斯兰法官帮助省长审理沙里亚法院案件，裁决民事纠纷。如果地方法院不能解决有关纠纷，则转交给内政部处理。地方政府每月召开一次公共会议，包括省长、法官在内的官员同当地民众与会。公共会议既是地方政府发布信息的场所，也是民众讨论国家大事的讲坛，民众还可以针对政治上的敏感问题和关心的问题向公共会议提问，要求地方政府作答。

第六节　司法机关

阿曼的司法机构由宗教和世俗两套机构组成，并以前者为主。作为伊斯兰国家，阿曼实施伊斯兰法的主要依据是《古兰经》和《圣训》，其他法律主要通过王室法令和各部大臣决定的方式颁布。1970年以后，阿曼进行了司法机构改革，要求法官在任职前必须在司法部和沙里亚法院接受培训，培训时间由最初的9个月延长到3年；培训完成后，这些人员需要先担任法官助理职务3~5年。这些措施的出发点是避免赛义德统治期间法官水平低下，以及因报酬过低而贪污腐化的问题。

一、最高司法委员会

最高司法委员会是根据2012年2月29日第9/2012号皇家谕令进行

改组而成的，改组后的阿曼最高司法委员会成为脱离司法部的独立机构，由苏丹担任委员会主席①。但有些西方学者认为，最高司法委员会改组的目的，是为了保证苏丹对相关权力的控制，使之凌驾于司法部体系之上②。阿曼最高司法委员会拥有广泛的权力，包括制定一般司法政策；改革司法机构以保证法院及公诉部门顺利地行使职能；增进司法部、行政法院和公诉部门的办事效率，保证其法律规定符合皇家谕令要求；提出法律草案并对其进行解读；对阿曼与其他国家签署的司法合作协议提出意见，并在苏丹同意之前进行审核③。

二、沙里亚法院

沙里亚法院的最终立法解释权归卡布斯苏丹所有，主要负责判决诸如离婚、遗产继承、重大案件等事务，由3名伊斯兰法官掌管。沙里亚法院分为三个级别，即初级法院、马斯喀特上诉法院和最高法院。初级法院是各州地方法院，通常由一名法官负责审理案件，主要处理民事案件，如夫妻矛盾、离婚案件、财产纠纷等。马斯喀特上诉法院通常由3名法官负责审理，主要职责为审查初级法院判决后的上诉案件。最高法院则为阿曼司法系统中权力最大、级别最高的司法部门，又称控告委员会（或称处理冤案委员会），是前两级法院的上级监督部门，其主要职责为监控法律实施，并享有法律解释权。最高法院做出终审判决后，经卡布斯苏丹批准便不再接受申诉。

三、刑事法院

20世纪70年代末，阿曼成立刑事法院，其与宗教基金部和伊斯兰事务部等部级单位等级相当，主要职责是审理刑事案件，分为初级法院、上诉法院、终审法院三级。初级法院构成与沙里亚初级法院相当；上诉法院则设在马斯喀特或其他中心城市，通常也由3名法官审理；终审法院由5名法官审理，审理结果必须上报卡布斯苏丹批准。

---

① Sultanate of Oman Ministry of Information, Oman 2015, p.20.
② Bertelsman Stiftung BIT 2016, Oman Country Report, www.bti-project.org.
③ Sultanate of Oman Ministry of Information, Oman 2015, pp.75-76.

四、国家安全法院

2003年9月23日卡布斯苏丹发布第64/2003号谕令,颁布《国家安全法院法》,设立由负责司法事务的国家顾问赛义德·海拉勒·本·哈姆德·布赛义迪领导的国家安全法院,其主要职责为审判危害国家安全的案件,如伊斯兰激进分子阴谋推翻政府的案件。

五、阿曼和解委员会

为了切实地在司法领域践行舒拉原则,阿曼成立了和解委员会,使之成为司法体系中的一个重要组成部分。阿曼和解委员会的建立源于2005年第98/2005号皇家谕令所颁布的《和解法》。但是该委员会的调解与和解原则并非诞生于当今的阿曼,而是在古代便有了[1]。阿曼社会熟识的观念便是倾向于以和解的方式作为解决事情的自然手段,许多事情的早期解决路径均是以平和及调解为基础的。2014年和解委员会的地方法官接案19 408件,经过一年的努力,成功解决18 642件[2]。

六、公诉部门

依据2011年2月28日发布的第25/2011号皇家谕令,阿曼公诉部被确定为独立机构,具有独立的行政和财政权力。公诉部有144名高级领导(含22名女性),36个附属机构分布于阿曼各地。2014年该部共接案45 306件,比2013年增长了4 767件[3]。

---

[1] Sultanate of Oman Ministry of Information, Oman 2015, p.97.
[2] Sultanate of Oman Ministry of Information, Oman 2015, p.99.
[3] Sultanate of Oman Ministry of Information, Oman 2015, p.99.

第四章 军事

第一节 建军史

阿曼军队的历史可以追溯到公元7世纪,当时阿曼的部落武装给予了先知穆罕默德的伙伴以及第一任哈里发艾卜·伯克尔以强有力的帮助。阿曼军队自古以来以海军闻名于世,曾经统治印度洋,具有一定的战斗力。公元17世纪开始,阿曼当地部落武装成为亚里巴王朝军队的重要组成部分。至今,亚里巴王朝军队所修建的防御工事仍然被保留着,从阿曼北端的穆桑代姆省到最南端的佐法尔省均有。

当前阿曼军队的历史要追溯到1907年马斯喀特要塞形成[①],守卫要塞的士兵们于1921年成为马斯喀特政权的步兵军队。英国政府与阿曼在1958年签订协议,英国协助阿曼建立现代化的军事力量。这支军事力量被称为阿曼苏丹国武装部队(SAF)。自此开始,当代阿曼正式的军事力量开始形成。同时,英国政府允许向阿曼武装部队提供直接军事援助。阿曼武装部队建立后,相关体制也逐渐完善。1972年,阿曼成立了军人社会服务理事会,负责为退役和现役军人提供社会福利,并为军队士兵及其家属提供长期与临时住宿,对有困难的军事人员提供帮助和支持。1974年,阿曼成立了思想指导部,该部隶属于阿曼武装部队司令部,主要职责是进行军事思想教育,开展军队文化活动。此外,该部还举行宗教纪念活动,组织文化和社会题材报告会,

---

① Peterson, J. E., Oman in the Twentieth Century: Political Foundations of an Emerging State, New York: Routledge, 2016, pp.72-75.

组织各种军事课程辅导（战争媒体及战争心理等）。思想指导部还负责发行信息手册，并与军人社会服务理事会联系慰问受伤的军人。

20世纪60—70年代，阿曼武装部队与佐法尔反抗武装进行了数次战争。在战争中，英国不仅提供军事武器和相关物资，还向阿曼武装部队派出军事顾问，对阿曼武装部队的最终胜利发挥了很大的作用。佐法尔反抗武装被镇压后，英军不再直接参与阿曼军队建设，阿曼武装部队真正成为保卫国家领土主权的武装力量。根据卡布斯苏丹的诏令，1981年9月，阿曼成立陆军预备役部队，隶属于国防部。预备役部队入伍人员必须是服役5年以上、正常复员的陆军士兵和军官，且士兵年龄不得超过35岁、军官年龄不得超过45岁，陆军预备役为自愿报名参加。该部队每年集训两个星期，报酬约为300里亚尔，受训期间，预备役官兵保留他们所在部门的职务和工资，并领取补贴。

1990年，卡布斯苏丹重新命名阿曼苏丹国武装部队为阿曼皇家军队（RAO）。1996年12月，根据皇家谕令颁布的《国籍基本法》，阿曼成立了国防委员会，该委员会是全国武装部队的最高军事机关，委员会主席由卡布斯苏丹兼任。国防委员会成员有皇家宫廷大臣、警务首脑、海关总检察长、国家安全部部长、陆军司令、海军司令、空军司令和皇家卫队司令等。阿曼国防部主要由行政管理部（G1）、情报与安全部（G2）、行动与计划部（G3）、后勤部（G4）和民事与军事合作部（G5）等部门组成，主要负责制订行政计划、组织干部培训和实施军事工程、购买武器装备等国防建设和行政性事务。

国防委员会的主要职责有：一是保证阿曼国家的安全与国防，为国家安全和国防政策提供决策，类似于美国政府的国家安全委员会；二是如果王室委员会对苏丹的继承人持有异议，国防委员会可以挑选其他王室成员为苏丹继承人。此外，《国家基本法》中规定，国防委员会会议的主持者为委员中职位最高者，如果职位级别相同，则选年长者主持。会议在至少2/3成员出席的情况下才具有法律效力。在苏丹继承人未选定之时，国防委员会不能闭会；苏丹的就职必须在阿曼国家委员会和国防委员会的联席会议上进行。

第二节　军事实力

阿曼武装力量相对弱小，但现代化、信息化程度较高，武器装备比较先进，有保卫国土的能力。根据2016年"全球火力网"（Global Fire Power）的统计，阿曼军力在全球统计的126个国家中排名第七十七位，中东地区排名第十一位[①]。

阿曼陆军组成：1个装甲旅、2个装甲团（每团下辖3个坦克连）、1个装甲侦察团（下辖3个装甲侦察连）；2个步兵旅、8个步兵团、1个步兵侦察团（下辖3个侦察连）、1个中型炮兵团（下辖2个中型炮兵连）、2个野战炮兵团、1个野战工兵团（下辖3个野战工兵连）、1个独立步枪连（治安部队）；1个空降团、1个防空团（下辖2个防空连）。陆军装备主要有：英制"挑战者"Ⅱ型坦克等主战坦克百余辆；英制"蝎"式轻型坦克数十辆；法制装甲侦察车百余辆；装甲输送车200余辆；火炮数百门；防空导弹及高射炮若干具。

阿曼海军装备各型舰艇20余艘，其中有从法国购买的先进护卫舰和舰对舰导弹，以及登陆舰、后勤支援舰船10余艘。阿曼皇家海军基地有：西卜的穆尔塔法伊军营（Muaskar al Murtafaia，海军司令部所在地）、埃尔维（Alwi）、乌达姆·萨希勒（Wudamas Sahil，迈斯奈阿以西20千米）、加纳姆岛（Ghanam Island，阿曼北端）、穆桑代姆、萨拉拉。

阿曼空军拥有作战飞机60余架，编成4个战斗机中队、3个运输机中队、2个直升机运输中队和1个教练机中队。此外还有2个防空中队。主要空军装备基本为美国和英国制造。阿曼国内有5个空军基地，即马西拉（Masirah）、西卜、萨拉拉、苏姆赖特和海塞卜（Khasab）。马西拉空军基地原为英空军飞机中转加油站，现在设有一所空军飞行学校，驻扎了一支"美洲虎"战斗机中队、一支"轻剑"防空导弹中队、一座雷达监控站和若干教练机。美国经阿曼同意，已将此基地扩建为美国司令部在巴林的第5舰队和快速反应部队的军械供应

[①] Global Fire Power, http://www.globalfirepower.com/country-military-strength-detail.asp?country_id=oman.

站、飞机维修基地和通信中心。西卜空军基地位于阿曼北部，机场为军民两用，这里设有阿曼空军技术训练学校和伞兵学校。苏姆赖特空军基地位于阿曼南部，是一个担负进攻任务的空军基地。海塞卜空军基地位于阿曼北部的穆桑代姆省首府，有一个军民两用机场，经过扩建，可停降C-130运输机和"美洲虎"战斗机等。萨拉拉空军基地位于阿曼南部，为军民两用机场，负责军事设备和物资的运输，执行保卫边防的任务。

阿曼皇家卫队的前身是于1973年组建的阿曼皇家警卫团，是阿曼现代化军事系统的一个重要组成部分，具有高水平的作战能力。该卫队的主要职责是保护卡布斯苏丹和皇族以及外宾的安全，同时具备作战和仪仗功能。1981年2月卡布斯苏丹发布命令，将警卫团扩编为一个"苏丹警卫旅"，1987年11月正式命名为"阿曼皇家卫队"。

阿曼皇家卫队包括1个皇家卫队旅、2个特种团、皇家战舰中队和皇家飞机中队。皇家卫队旅和特种部队都是阿曼皇家卫队的重要组成部分。从兵种上说，它包括步兵、装甲兵、坦克兵、防空兵、炮兵等，又有仪仗队和其他管理、技术和教育机构。2001年6月，皇家技术学院获得了英国技术教育委员会授予的优秀证书，该学院也成为阿曼军人精英辈出的地方。此外，阿曼皇家卫队还拥有皇家交响乐团和军乐队，皇家卫队的自由降落式跳伞队可以进行精彩的跳伞表演。

阿曼1个皇家卫队旅和2个特种团装备有装甲人员输送车、多管火箭炮、英制"轻标枪"地空导弹、法制"米兰"反坦克导弹等武器。皇家游艇中队装备有皇家帆船、皇家游艇、运输舰、法制"超级美洲虎"AS-332C型运输直升机。皇家飞机中队装备有运输机若干架。

阿曼的准军事部队主要包括阿曼皇家警察、情报安全部门、骑警队、海岸警察卫队、空警联队、治安部队、国民卫队、陆军预备役部队。

阿曼皇家警察是独立于国防部和内政部的单一实体，创建于1970年，具有大学和研究生学历者占很大比例，主要负责维持全国治安，还从事海边与内陆的巡逻任务。阿曼皇家警察的总部设在首都马斯喀特，设有5个部门，分别为：交通局、行动局、咨询与刑事调查局、民防局和消防服务局；下设8个警署：马斯喀特警署、佐法尔警署、穆桑代姆警署、巴提奈区警署、扎希拉区警署、内地区警署、东部区警署、中部区警署。此外，阿曼皇家警察还设有众多专业部门以便行使不同的职责，主要有行动总署、刑侦调查总署、护照和居民留学总署、交通总署、海关总署、民政保卫总署、机场安全总署、检察总署、公共关系总署、社会服务总署、项目和维修总署、负责保护重要设施和外交机构的特别行动队、救护车队、海岸卫队、骑警队、空中警队、医疗机构、音乐机构和体育队等。此外，阿曼皇家警察学院是负责培训皇家警察的高等学府，建立于1980年。2000年7月，根据谕令，阿曼皇家警察学院更名为苏丹卡布斯警察学院。

阿曼的情报安全部门于1974年从阿曼皇家空军中脱离成为独立的办事机构，改名为阿曼研究部，负责向王宫办公厅安全情报的报告工作。成为独立部门后，情报安全部门中的阿曼人逐渐增多，主要职责也由曾经的搜集军事情报转变为关注政府官员的贪污腐败、经济发展中存在的问题以及宗教极端主义分子的活动。

阿曼的海岸警察卫队负责守卫该国长达1 700千米的海岸线，职责是进行海上巡逻，防范非法移民和走私活动，在天气突变的情况下协助航海工作。阿曼空警联队主要负责医疗和救援小组的运输工作，并在发生自然灾害期间为灾区提供援助服务。

第三节　国防政策与军事策略

阿曼皇家军队是阿拉伯半岛诸国中装备和组织比较完善的部队，阿曼实行义务兵役制。阿曼奉行防御性国防政策，军事国防发展坚持以保证自身主权及领土独立完整，维护国家地区发展利益为出发点。与此同时，阿曼军队还承担两方面的职责和义务：一是保证国内安全，承担着一定的警察职能；二是维护阿曼君主制的稳定。阿曼是海湾合作委员会成员国，在军事防御方面与该组织其他成员国相互协调，但是在重大决策方面，阿曼保持独立自主的国防政策，并不受海湾合作委员会指导。因此，从国防政策角度看，阿曼皇家军队是一支和平自主的军事力量。

阿曼的军事策略属于内向型发展方向，注重本土防御，常常与西方进行军事演习以提高自身军事装备技能。阿曼长期执行的军事策略主要有两点：一是军队人员本国化；二是军事装备西方化。

阿曼长期执行军队人员本国化的军事策略，这与其基本国情有着很大关系。海湾国家普遍国土狭小、人口匮乏，兵源不济导致外籍雇佣兵在各国军队中占有很大的比例。20世纪80年代初，外籍军人在阿曼军队中十分普遍，其军队的总参谋长和水陆空三军司令均是英国人，团级以上的指挥官也多由英国人担任。英籍军事人员共有800余人，其中300余人为委派，400余人为合同雇佣。阿曼国防部400多名工作人员中，英籍雇员达180人，占总人数的46%。此外，阿曼军队中还有来自巴基斯坦、印度、埃及、约旦等国的军事人员近2 000人，其中巴基斯坦1 061人（军官19人）、印度262人（军官58人）、约旦25人（军官6人）、埃及10人（军官5人）[1]。卡布斯苏丹执政后意识到外籍兵员太多对于国家军事力量的稳定极为不利，便开始在"信仰安拉，忠诚于苏丹卡布斯，坚决保卫国家"的信条指导下培养本国军事人才，逐步实现军队和警察系统的阿曼化。

卡布斯苏丹推行的军事系统阿曼化措施主要有以下几点：一是培养和选拔阿曼本土军事干部，加强本国军事学院对阿曼籍下级军官的培养，中高级军官则被派往国外，如到英国、约旦、埃及和巴基斯坦等国深造；二是建立门类齐全的军事院校，如穆尔法特陆军训练中心、伊兹基炮兵学校、装甲兵学校、后勤学校等，这些军事院校负责训练士兵的军事技能；三是从巴基斯坦招募3个俾路支团，并让士兵加入阿曼籍（当然此种方法并不能解决根本问题）。到20世纪90年代，军队阿曼化的效果日益明显，阿曼军队的总参谋长和水陆空三军司令全部由阿曼人担任，旅长一级军官也多为阿曼人，英国人在阿曼军队中已不承担要职，只是以顾问的身份发挥微弱的作用。此外，经过培养，阿曼也拥有了一批本国的优秀飞行员和许多军事科技人才。

海湾地区国家普遍有向西方国家购买大宗先进军火的习惯，阿曼也不例外，这主要因为：一是国内研发能力很薄弱，若想装备先进武器只能靠购买；二是没有对本国国防实力的发展进行理性、科学的规划，装备没用几年便换新的；三是海湾国家为应对同伊朗、以色列等国家冲突的风险，普遍加倍买入先进武器，并有"刀枪入库"的习惯[2]。

海湾战争结束后的十年之中，阿曼仅用来购买美国军火的花费就达到9 510万美元。由于阿曼总体经济水平不高，虽然其国防开支并不

---

[1] 黄培昭、苏丽雅：《当代阿曼苏丹国社会与文化》，上海：上海外语教育出版社，2003年版，第104页。

[2] 环球网军事，《中东各国比着买全球先进武器》，http://mil.huanqiu.com/world/2015-03/5940799.html。

第四章 军事

大，但占GDP的比重却不小。2000年，阿曼军费为24亿美元，占GDP的13%；至2013年，阿曼军费预算达到93亿美元，占GDP的11.5%[1];2015年，阿曼军费支出占GDP比重超过16%，成为世界各国军费支出占GDP比重最高的国家[2]。出于历史、军事关系原因，阿曼的主要军火供应国是英、法、美等西方国家。冷战结束后，阿曼的大宗军火进口情况如下：1993年阿曼与英国达成2.27亿美元的军火购买协议，英国向阿曼提供"挑战者-2"型坦克36辆、装甲修理车4辆、"突击队员"型装甲车4辆、训练用坦克2辆。1995年阿曼再从英国进口装甲车80辆。1996年，阿曼从英国进口VT-83型快艇2艘。1997年，阿曼从法国进口VBL型装甲车51辆，并出资4 000万英镑升级阿曼空军的15架"美洲虎"战斗机。1998年，阿曼从英国GKN公司购买"剪刀鱼-2"型轻型装甲车40辆。1999年，阿曼花费1亿多英镑从英国维克斯防务公司购买"挑战者-2"型坦克20辆和5架"美洲虎"战斗机；从英、意阿兰尼亚-马可尼公司购买"马特罗731D"型防空雷达；从英、法马特拉航空动力公司购买"西北风"地对空导弹系统若干套；从瑞士皮兰图斯公司订购"PC-9"涡轮教练机12架。2000年，阿曼从英国阿尔维斯公司购买"剪刀鱼"式装甲车80辆。2001年，阿曼从美国雷神公司购买"陶-2A"导弹若干枚[3]。2002年，阿曼正式与美国洛克希德·马丁公司签署12架F16C/D BLOCK50型战斗机合同，装备F110-GE-129发动机和AN/APG-68（V）XM雷达。2005年，阿曼向美国订购3艘巡逻艇。2010年，阿曼从美国购入了总价5 400万美元的两架C130J-30型运输机。2011年年底，阿曼再次向美国购买了总价6亿美元的12架F16C/D BLOCK50型战斗机及附属装备[4]。2012年，阿曼从英国航空航天系统公司购买了12架"台风"式战斗机和8架

---

[1] Military Expenditure (% of GDP), http://data.worldbank.org/indicator/MS.MIL.XPND.GD.ZS.

[2] 观察者网，《斯德哥尔摩国际和平研究所：2015年全球军费止跌反升，亚太增长快》，http://www.guancha.cn/military-affairs/2016_04_06_356181.shtml。

[3] 王宏伟：《阿曼军火贸易》，《阿拉伯世界》，2002年第2期，第31页。

[4] 中国新闻网，《阿曼空军频购英美先进战机，成海湾不可忽视力量》，http://www.chinanews.com/mil/2012/11-09/4316092.shtml。

"鹰"式教练机，合同总价达25亿英镑①。2013年，阿曼空军与美国罗克韦尔·柯林斯公司签订合同，升级现有的C130运输机②。

第四节　军事合作

　　基于阿曼的国防策略，其军事合作以与西方各国为主，特别是与英国、美国和法国的军事合作。阿曼曾是英国的殖民地，第二次世界大战中英国在阿曼的萨拉拉、马西拉地区都建有空军基地，并为获取石油开采权而帮助赛义德苏丹统一了阿曼。现任苏丹卡布斯毕业于英国皇家军事学院，1970年发动政变之时还曾得到英国的鼎力相助，因此与英国结下了不解之缘。在平息佐法尔叛乱的内战中，英国给予阿曼大量的人力、物力支持，由于这种特殊的关系，阿曼军队的建军思想、治军理念、战略战术等都与英军相近，阿曼军方和情报部门的许多工作人员也来自英国。

　　1985年，阿曼与英国签署了军事合作协议。翌年11月，两国各出兵1万人，举行了代号为"快剑行动"的海陆空联合军事演习③。2001年10月，英国与阿曼进行了为期11天的"快剑行动-2"联合军事演习，参加人数为4万人，这也是自1981年以来英军在海外举行的最大规模的军事演习。

　　随着美国入主中东步伐的加快，阿曼本国军队阿曼化和武器多元化的需要，美国与阿曼的军事关系逐渐升温。自1975年开始，美国开始向阿曼供应反坦克导弹、舰艇等武器，阿曼允许美国使用马西拉岛上的英国军事基地。

　　1980年阿曼外交事务主管大臣阿拉维访美，同年双方签订了《军事合作协定》，规定：阿曼同意美国使用某些机场和港口设施；美国不在阿曼建立军事基地；美国不在阿曼驻扎军队；美国计划用5年时间

---

① 和讯网，《英国军火商赢得阿曼25亿英镑战机合同》，http://news.hexun.com/2012-12-23/149370536.html。
② "Rockwell Collins Selected for Oman C-130 Upgrade"，http://www.defencetalk.com/rockwell-collins-selected-for-oman-c-130-upgrade-47542/。
③ 黄培昭、苏丽雅：《当代阿曼苏丹国社会与文化》，上海：上海外语教育出版社，2003年版，第93页。

第四章 军事

帮助阿曼扩建空军基地,并提供3亿美元贷款;两国每年举行小型联合军事演习。1990年年底,两国同意《军事合作协定》延长10年,美国对阿曼的援助基金提高到每年2 000万美元。据统计,1981—1993年,美国修建了锡卜、马西拉岛、哈萨卜和苏姆莱特地区的军事基地,共花费3.159亿美元。

海湾战争之后,阿曼与科威特、巴林、卡塔尔、阿联酋一道同美国签署了《联合防务协定》,允许美国使用阿曼境内的军事基地,储存美国的武器装备。在海湾地区执行任务的美国B-52战略轰炸机、空中加油机和运输机,以及部署在附近海域的美国军舰,经常使用阿曼马西拉和苏姆莱特两岛上的军事设施,此举也是为了换取美国对阿曼的军事援助和安全承诺。根据美国法律,战略地位极其重要的北约南翼9个国家,可以获得美国赠予的过剩武器,其中有5个国家处于中东地区,分别为埃及、以色列、土耳其、摩洛哥和阿曼。因此,阿曼能以低价购买或免费获得的方式得到如M60A3主战坦克等美国的过剩武器。

"9·11"事件之后,阿曼谴责了恐怖主义行径,美国则以放宽对阿曼出售军火的限制作为回报,决定向阿曼出售12亿美元的武器装备,包括F16C/D型战机、夜间攻击导航设备、激光炸弹瞄准仪、中程空对空导弹、"鱼叉"反舰导弹及雷达等先进装备。

从历史上看,法国军火主要销往伊拉克,但海湾战争期间萨达姆政权受到重挫,并被限制购入武器,使得法国将目光投向了中东地区其他国家。法国相继推出了一系列"优惠政策"来吸引其他阿拉伯国家购买军火,这些政策主要有:将军火交易的部分利润反向投资于进口国的民用建设、军火交易国有权分享法国军工产业的最新成果等。这些措施果然奏效。1989年,阿曼负责国防事务的副首相到法国考察,为购买法国武器做了前期准备;同年5月,卡布斯苏丹访问巴黎,签署了法国与阿曼的军事合作协议;1992年两国海军进行军演;1993年,阿曼从法国购买了3艘P400型巡逻艇[①]。2007年,阿曼皇家海军向法国MBDA公司订购了"飞鱼"反舰导弹系统和"米卡"防空导弹垂直发射系统。

[①] C. H. Allen and W. L. Rigsbee Ⅱ, Oman under Qaboos: From Coup to Constitution, 1970—1996, London: Frank Cass, 2000, p.208.

第五章　文化

第一节　语言文字

　　阿曼苏丹国的官方语言和书写文字是阿拉伯语，通用英语。阿拉伯语属于舍米特语系，最初主要在阿拉伯半岛地区使用，后来随着伊斯兰教的传播和阿拉伯人的对外征服，逐渐传播到阿曼等地区，最终成为整个阿拉伯民族的语言。阿拉伯语有26个字母，语法非常复杂，动词、名词有多种变格和变位，是世界上最难学的语言之一。同时，阿拉伯语也是世界上最美丽的语言之一，发音抑扬顿挫，韵律非常优美。此外，由于英国等国的殖民统治，英语也逐渐在阿曼成为通用语言。在社会层面，阿曼各部落的方言土语也各不相同：有些部落的方言受伊拉克土语影响，有些受波斯语和印地语影响；来自桑给巴尔的阿曼侨民通用斯瓦希里语；北部沿海地区的商人、水手，大量来自印度次大陆的外籍人也讲乌尔都语[1]。

第二节　文学

　　阿拉伯语慷慨激昂、韵律优美，吟唱诗歌时娓娓道来，极富感染力。因此，诗歌深受阿曼民众的喜爱，同时也是阿曼传统文学中非常

---

[1] 黄培昭、苏丽雅：《当代阿曼苏丹国社会与文化》，上海：上海外语教育出版社，2003年版，第122页。

重要的文学形式，在民间和官方均较为普及和流行。阿曼的诗歌种类繁多，有言志诗、离别诗、怀念诗、歌颂诗、宗教诗等，这些诗歌有的是普通话诗歌，有的是方言诗歌。

1988年11月8日，阿曼政府成立阿曼文学会，该文学会负责每年举办一系列专题研讨会，同时为民间诗歌、古典诗歌、故事和散文的创作比赛创造了条件，深化了阿曼戏剧研究、城镇研究和独特历史成因研究。此外，文学会也有出版社的职能。1993年，阿曼成立了文艺促进会。在政府组织方面，阿曼民族遗产文化部每年举行诗歌比赛。阿曼青年体育和文化总机构每年组织"文学聚会"，对全国各地以阿拉伯语普通话和方言创作的诗歌和短篇小说等进行评比，从中选出优胜者。

阿曼最著名的诗人和最早写小说的作家是谢赫·阿卜杜拉·本·穆罕默德·塔伊（1927—1973），曾任阿曼新闻、社会事务部大臣，他获得了阿曼甚至海湾地区"长篇小说创作先驱"的称号。与塔伊比肩的大诗人是阿卜杜拉·本·阿里·哈利利（1922—2000），除了诗歌外，他还进行短篇小说的创作，被评论界公认为阿曼写短篇小说的第一人。由于哈利利对文学创作的巨大成就，阿曼第一届"文学聚会"授予他"文学聚会之盾"勋章。1989年第十届阿拉伯海湾国家首脑会议期间，为表彰他高尚正直的人格和品德，首脑们为他颁发了荣誉奖章。阿曼女诗人中较为著名的是赛义黛·宾特·哈迪尔·法里西和哈希米娅·穆萨维。

第三节　建筑

阿曼苏丹国的建筑具有浓烈的地域风格，其古代建筑被称为阿曼传统文化的瑰宝。阿曼各地散布着数百座古代城堡，享有"千堡之国"的美誉。造型迥异的古代城堡是阿曼悠久历史留下的印迹，成为阿曼人引以为傲的文化遗产。最有代表性的有巴赫莱城堡、贾布林城堡和鲁斯塔克城堡。

巴赫莱城堡位于阿曼首都马斯喀特西南约200千米处的尼兹瓦，是阿曼现存最著名的古代城堡之一。该城堡的城墙长达12千米，拥有

132个瞭望塔，成为旅游观光的一大亮点。联合国教科文组织于1987年将巴赫莱城堡列入《世界文化遗产名录》。

贾布林城堡同样位于尼兹瓦，由17世纪时实力最强的领主所建，至今仍保存得非常完整。堡内有各种为防御敌人进攻的机关，例如堡内结构复杂有如迷宫，楼梯的间距不一以减缓敌人入侵速度，楼上房间的地板有小洞用以倒下热油或热水阻挠敌军，等等。由于这位领主当时非常富有，所以堡内的装饰、雕刻及结构较阿曼境内其他城堡复杂而豪华，后人将这位领主葬于堡内一个隐秘的地方以纪念他。

在阿曼旅行，可以看到许多精美的古代建筑，鲁斯塔克城堡便是其中之一。该城堡建于13世纪，位于阿曼北部的南巴提奈省，距首都马斯喀特约160千米。鲁斯塔克城堡规模宏大，设施完备，武器库、储藏室、厨房、监狱和会客室等一应俱全，现已成为阿曼著名的旅游景点。

第四节　音乐

由于历史上文明交往的影响，阿曼音乐融合了外来民族音乐的精华，尤其显现出桑给巴尔的因素。许多阿曼音乐伴有打击乐器，带有浓郁的非洲音乐韵味。阿曼乐器中的号角和管乐器与非洲海岸的乐器极其相似。阿曼的打击乐器以手鼓为主，节奏强烈明快。手鼓通常由羊皮或鱼皮制成，大小不同。管乐器称为"布克"，是阿曼人在大海螺壳上以特别的方式切割而成的乐器，根据海螺和洞口的大小不同，发出不同的音色，在阿曼南部地区、巴提奈地区和东部地区普遍使用。阿曼的弦乐器叫"坦布拉"，是一种源于非洲的碗状六弦琴。同时，它也是苏尔的传统乐器，由圆木块制成，专门为"努般"歌[①]伴奏。

阿曼的传统音乐形式主要有"自豪歌"、"拉兹哈"（Al Razha）、清唱、"哀歌"、"加拉特·马苏瓦赫"等。"自豪歌"是宣告战争结束和庆祝胜利的歌舞；"拉兹哈"则是斗剑和对诗比赛项目的歌舞；清唱源自贝都因人不带任何伴奏的演唱形式；"哀歌"具有强烈的悲伤情

---

① "努般"歌是一种圣歌，用阿拉伯语和斯瓦希里语混合演唱。

感,其中"完恩"(Al Wann)是阿曼音乐中最具强烈悲伤情感的表达形式;"加拉特·马苏瓦赫"主要描述水手拉船入海或靠岸的情景,反复赞美真主和先知穆罕默德,"修巴尼亚"(Al Showbaniiah)则是在阿曼南部庆祝水手们胜利抵达时表演的歌舞。

1984年,阿曼成立了传统音乐中心(OCTM),它隶属于阿曼新闻部,职责为收集、录制、分类和记录阿曼传统音乐、歌舞和相关艺术形式,其主要目的是更好地保存传统音乐。传统音乐中心自成立以来对阿曼基础教育音乐教学大纲的编写做了不少贡献,现已经分别以阿拉伯语和英语完成了视频录像带、磁带的制作和歌曲舞蹈表演的彩色照片归档工作。此外,传统音乐中心还在保护国家和民间音乐遗产、参加国际间交流活动、电视节目准备等方面发挥了重要的作用,并得到了联合国教科文组织的认可。阿曼也成为第一个加入国际传统音乐委员会的阿拉伯国家。根据2013年第24/2013号皇家谕令,阿曼传统音乐中心转变为卡布斯苏丹文化和科学高级中心,负责研究传统的阿曼音乐和收藏品。2014年12月15—18日,阿曼传统音乐中心举办了主题为"阿拉伯音乐历史的当代解读"的第一届阿拉伯传统音乐论坛,这次论坛汇集了阿拉伯世界众多著名的历史学家、音乐家和音乐学者[1]。

第五节　舞蹈

阿曼人热情开朗,在欢乐的时刻喜爱载歌载舞。阿曼流传至今的传统歌舞超过了130种,每一种都是阿曼文化的瑰宝。受其地理环境和传统风俗的影响,大海和各地的风土人情在阿曼歌舞中出现的频率很高。传统歌舞有与海湾诸国类似的剑舞和女子的甩头发舞,还有根据渔民生活创作的打渔歌和航海舞等。这些歌舞到现在依然深受人们喜爱。在重要节日(如一年一度的从1月15日到2月14日的"马斯喀特节",它是阿曼人的传统民族节日之一)期间,盛装的人们欢唱民歌,围成圆圈,跳古老的民族舞蹈。

---

[1] Sultanate of Oman Ministry of Information, Oman 2015, pp.248-249.

除以上舞蹈形式外，阿曼还有一种战争舞，被称为约拉来复枪舞（Al-Yolah Rifle Performance）。该舞蹈不仅存在于阿曼，还存在于阿联酋各个酋长国之中。其实，战争舞在世界多地均有，是一种模拟战斗的舞蹈，通常是部落战士用舞蹈的方式表现与敌人战斗的场面。除传统舞蹈外，阿曼文化界人士还注重与其他文化的舞蹈形式相互交流学习。马斯喀特皇家歌剧院建成后，作为文化与音乐艺术交流的重要桥梁，从21世纪开始举办皇家艺术节，来自全世界的参展节目包括歌剧、芭蕾舞、弗拉门戈舞、爵士舞等[1]。

第六节　绘画

1993年阿曼美术协会（OSFAO）成立，它的会员经常参加一些国际活动，如埃及、印度、突尼斯、约旦、科威特等国举办的展览和文化周。美术协会的现代工作室定期举办国外艺术作品展，还给予年轻的艺术家和摄影师各种鼓励和帮助。美术协会的摄影俱乐部活动非常丰富，2004年1月举办了第十届年度摄影展。该俱乐部在1999年瑞士举办的国际摄影艺术联盟大赛中获得铜奖，在2001年意大利举办的第二十六届和2004年匈牙利举办的第二十七届大赛中都获得了银奖，作品的主题为"传统的捕鱼"[2]。在保加利亚、波斯尼亚和黑塞哥维那国际影展上，阿曼摄影家的作品《沙迦的男孩》和《猎》均获得金奖。

第七节　电影业

阿曼的电影产业很小，全国的电影院也很少，直到2007年，第一部阿曼电影《艾布姆》（*Al-Boom*）才上映。此后还上映了由塞缪尔·贝克特导演的《等待戈多》（*Waiting For Godot*）等电影作品。阿曼阿拉伯电影公司是阿曼最大的电影业从业公司，隶属于阿曼贾瓦德集

---

[1] Sultanate of Oman Ministry of Information, Oman 2015, p.249.
[2] Sultanate of Oman Ministry of Information, Oman 2015, pp.250-253.

团，在阿曼有超过40年的历史。阿曼电影业由于自身实力有限，便与美国和印度联合制作了电影《海盗之血》（*Pirate's Blood*），参演人员包括阿曼人和其他国家的演员。除此之外，少量印度宝莱坞制作的电影也在阿曼上映。

阿曼的戏剧在阿曼发展的体系和形式尚不完善，但起步较早。早在1974年阿曼全国就有3个剧团，分别是艾尔·艾里剧团、阿曼剧团和青年剧团。1980年，青年剧团在马斯喀特国际饭店为来自世界各地的观众首演了莎士比亚的戏剧《威尼斯商人》。现在阿曼共有11个剧团。阿曼最出色的萨拉拉艺术剧团成立于1998年，共有180余名成员，其在阿布扎比举行的海湾国家艺术比赛中获得了一等奖。此外，在文化盛典上，马斯喀特电影节每年举办一次；世界戏剧节也在阿曼的首都马斯喀特举办过。

第六章 社会

第一节 人口与民族

一、人口

阿曼于1993年进行了第一次全国人口普查,普查结果表明,当年阿曼全国人口为201.8万人,外籍人口[①]为53.5万人,阿曼本国人约为148.3万人,1993年阿曼的男女比例为104∶100,人口增长率为3.5%左右[②]。1998年到2000年,阿曼全国人口分别为228.7万人、232.5万人、240.1万人[③]。2001年,阿曼全国人口为248万人,其中外籍人口为65万人,外籍人口年人口增长率为4.5%;本国人口为183万人,本国人口年人口增长率为2.7%;全国总体年人口增长率为3.2%。2003年的阿曼人口普查数据显示,国家总体人口增长率为2%,总人口为2 331 391人;其中外籍人口为552 073人(占人口总数的23.7%),本国人口为1 779 318人(占人口总数的76.3%);阿曼男女比例为100∶102[④]。2006年阿曼人口为257.7万人,人口增长率为2%;其中外籍人口为69.3万人(占人口总数的27%),本国人口为188.4万人(占人口总数

---

① 阿曼的外籍人口多为印度人、巴基斯坦人和孟加拉国人。外籍人口主要集中于阿曼首都,约占马斯喀特省人口的46%。
② 《阿曼1999》,阿曼新闻部,第94页。
③ 黄培昭、苏丽雅:《当代阿曼苏丹国社会与文化》,上海:上海外语教育出版社,2003年版,第122页。
④ 资料来源:中国驻阿曼使馆经济商务参赞处网站。

的73%)。

根据2010年全国人口普查结果，阿曼总人口为277万人；其中外籍人口为81.6万人，本国人口196万人。然而，2010年至2013年，阿曼人口激增38%，达到383万人；其中外籍人口为168万人（占人口总数的44%），本国人口为215万人（占人口总数的56%)[1]。截止到2015年11月，阿曼人口更是达到430.2万人；其中外籍人口为192.1万人（占人口总数的44.7%)，本国人口为238.1万人（占人口总数的55.3%)[2]。

随着人口增长率的上升，中东普遍面临着劳动力人口结构年轻化的问题，阿曼也是如此。1993年，阿曼52%的人口低于15岁，3%的人口在64岁以上。2003年，阿曼年龄在20岁以下的人口占55%，80%的人口年龄在35岁以下；妇女占总人口的49%，其中大多数在18岁以下。2006年，阿曼籍10岁以下的人口约为44.58万人（占总人口的23.7%)，10~20岁的人口约为53.58万人（占总人口的28.4%)，20~34岁的人口约56.73万人（占总人口的30.1%)，34~49岁的人口约为19.7万人（占总人口的10.5%)，50岁以上的人口约为13.76万人（占总人口的7.3%)[3]。2008年，阿曼1~14岁的人口约为141.45万人（占总人口的42.7%)；15~64岁的人口约为180.6万人（占总人口的54.5%)；65岁以上的人口约为91 143人（占总人口的2.8%)。2016年，阿曼1~14岁的人口约为101.13万人（占总人口的30.1%)；15~64岁的人口约为222.89万人（占总人口的66.4%)；65岁以上的人口约为11.5万人（占总人口的3.43%)。阿曼人口平均年龄为25.4岁，人口增长率和出生率分别为2.05%和24.3‰[4]。相比于2008年，阿曼人口平均寿命从73.91岁提高到77岁[5]。

卡布斯苏丹执政以来，阿曼城市化程度显著提高，但人口分布不

---

[1] 中华人民共和国商务部阿曼经商处，http://www.mofcom.gov.cn/article/i/jyjl/k/201304/20130400100653.shtml。
[2] 中华人民共和国驻阿曼苏丹国大使馆，http://om.chineseembassy.org/chn/zjam/amgk/。
[3] EIU，Country Profile 2008—Oman，p.13.
[4] 美国中央情报局网站，http://www.cia.gov/library/publications/the-world-factbook/geos/mu.html。
[5] 世界人口网，http://www.renkou.org.cn/countries/aman/2014/1810.html。

均衡、年龄结构呈现低龄化趋势、本土劳动力低素质化也成为阿曼人口发展的困境与亟须解决的问题。多数阿曼人看不起私营企业的工作，而且比起外籍劳动力来，他们生产技能差、要求工资高，这使得阿曼在很多行业仍依靠外籍劳工。2000年，阿曼加入世界贸易组织，根据相关市场准入时间表，21世纪大批优秀人才进入阿曼，因此阿曼人的就业压力越来越大。根据2013年统计数据显示，阿曼有135万外籍常住人口受雇于私营企业，主要从事的行业有建筑业、制造业、商品批发零售业、汽车修理业等。但是，2010年6月以来，受雇于私营企业的阿曼籍雇员数量变化不大，由原来的170 322人提高到2013年2月底的173 382人，增幅仅为1.7%[1]。这种比例趋势给阿曼社会与经济发展带来了动荡因素：一是外籍劳动力挤占了本土劳动岗位，阿曼年轻人面临紧迫的失业问题，引发阿曼籍劳动力的不满；二是外籍劳动力受到排挤、打压，甚至利益得不到保证，给社会安全带来隐患；三是不同国籍的外籍劳动力团体之间的纠纷和利益之争不断发展，不利于阿曼社会治安与就业市场的稳定。

二、民族

占阿曼人口绝大部分的居民是阿拉伯人，是高加索人种地中海人的一支，属于闪米特人。在历史上，阿曼的奴隶贩子曾经把东非埃塞俄比亚等地区的黑人贩卖到阿拉伯半岛的许多地方。在阿曼的沿海地区，阿拉伯居民曾与非洲奴隶杂居在一起，并与之通婚，因此阿曼人种混杂了尼格罗血统，肤色较黑。阿曼的外籍人口数量很多，特别是沿海城市中有许多来自印度、巴基斯坦和伊朗等国的移民。在侨民众多的马斯喀特和马特拉等城市，阿拉伯人不足一半。所以在阿曼的沿海地区居民种族较为复杂，在内地的阿拉伯人则保持着欧罗巴人种地中海类型的特征。其中，印度移民主要由哈瓦吉和巴尼亚两个部落组成，他们在阿曼主要居住在马特拉市，前者主要来自印度古吉拉特邦，后者来自印度西部沿海城市。

由于历史原因，阿曼全国约有100个部落，其中较大的有布阿利、布哈桑、哈里斯、哈贾里亚、瓦希巴、贾伊巴等。按照各个部落

---

[1] 中华人民共和国商务部阿曼经商处，http://www.mofcom.gov.cn/article/i/jyjl/k/201304/20130400100653.shtml。

所处的地区又大致分为两个集团，即西南部的加费利（混血阿拉伯人）和东北部的希纳维（纯血阿拉伯人）。前者来自半岛腹地的内志地区，时间较晚；后者来自也门，是最早定居阿曼的阿拉伯人。在与也门接壤的佐法尔地区居住的马赫拉人、卡西利人和卡拉人，与其周围的居民有较大的不同，他们肤色暗，头形较圆，鼻子较宽，头发卷曲，语言更接近埃塞俄比亚的闪米特语。此外，穆桑代姆半岛上的阿拉伯人则属于希胡部落。

第二节　宗教

阿曼全国大多数居民信奉伊斯兰教，其中约3/4属于伊巴德教派，1/4属于逊尼派，其余如什叶派、瓦哈比派影响则较小。伊巴德派起源于阿曼，其前身是"穆斯林信徒团"或"祈祷者"，创始人是著名的宗教学者阿布·萨阿沙·贾比尔·本·宰德（阿卜杜拉·本·伊巴德为宰德的学生），在第三任哈里发奥斯曼当政时期（644—656）就存在于阿曼，比哈瓦利吉派（658年形成）要早10余年。因此，虽然二者教义有相似之处，但阿曼人认为伊巴德派并不是哈瓦利吉派的一支。根据伊巴德教派的教义，伊玛目（教长）不是世袭，而由各部落的谢赫选举产生，伊玛目不仅是宗教领袖，也是世俗政权的首脑。伊斯兰教伊巴德派的教义千余年来一直在阿曼占据主导地位，实际上是阿曼苏丹国的国教。目前，宗教事务由政府宗教基金部与伊斯兰事务部掌管。

阿曼的逊尼派穆斯林人数仅次于伊巴德派穆斯林人数，逊尼派是阿曼的第二教派，主要分布在巴提奈海岸、扎希拉、东部区南部和佐法尔省。居住在阿曼的俾路支人也有很多是逊尼派穆斯林。阿曼的统治者和军官大都信奉伊巴德派或逊尼派。什叶派穆斯林则主要分布在马斯喀特和马特拉等沿海城市，人数不多，约占首都人口的5%。阿曼的什叶派穆斯林大多数是商人，也有部分知识分子和少数政府官员。瓦哈比派[①]教徒散居于贾兰地区，人数很少，影响很小。

阿曼非伊斯兰宗教信仰主要为印度教、基督教新教（少数为天主

---

① 瓦哈比派：近代伊斯兰复兴运动的一个派别，属于逊尼派的一支，兴起于阿拉伯半岛内志地区（今沙特阿拉伯）。

教）、犹太教等。阿曼对于非伊斯兰宗教信仰采取宽容、自由的态度，信仰其他宗教的阿曼居民可以在专门的场所自由地举行宗教仪式。阿曼法律规定：只要不影响公共秩序或公共场所的严肃性，一切与现有习俗相一致的宗教信仰活动都是自由的，并且在不违反阿曼传统的前提下，可以为他们提供必要的设施。

阿曼国家宗教事务的资金由政府管理，来源主要是贝特·艾尔·马尔（阿拉伯语意为"基金会"）和宗教捐赠。札卡特基金也称天课，是穆斯林必须交纳的所得税，也是宗教捐赠资金，是伊斯兰教五大功课之一。宗教事务资金主要用于支付《古兰经》的印刷费和宗教人士的工资等开支。此外，阿曼政府设立了伊法塔办公室来负责解答宗教事务的相关问题，进行宗教宣传活动并为信众提供帮助。该组织还负责向新皈依的穆斯林教授最基本的教义，提供配有多国文字的宗教指南，帮他们履行宗教义务，鼓励信徒在有生之年前往沙特阿拉伯的麦加和麦地那朝觐一次。

第三节　传统风俗

一、姓名

按传统习惯，阿曼人的名字要从祖辈继承，起码要有三组。通常第一组是自己的名字，第二组是父亲的名字，第三组是祖父的名字，最后再加上家族和部落的姓氏，因此他们的名字很长，并且可以从他们的全名中看出他们的父名和族名。此外，在阿曼，也有只用家族姓氏或父亲、祖父的名字来称呼某人的情况，这既是习惯叫法，也表示对长辈的亲切和尊重。

二、服饰

阿曼人的服饰与其他海湾国家不同，有其独特的民族风格。阿曼内地男子的典型装束是：穿长袍，头戴一块洁白的棉布头巾，蓄长须，腰间围用银线织成的腰带，上面挂着腰刀。阿曼人所穿长袍没有领子，在领口右边有一个小缨穗，用来蘸香水。袍子都很宽松，长及

第六章 社会

脚踝，大多是雪白的，也有混色的，穿着起来清爽舒适，十分适合阿曼炎热的气候。在隆重的场合，一般在白袍外面罩"比什特"①。阿曼男子的内衣叫"瓦扎拉"或"仑吉（Lunghi）"，是裹在腰上的一块布，他们在烈日下劳动时只裹它。此外，他们随身还带有一个小银瓶和一个银制管状容器：小银瓶里面是一种阿曼男女通用的化妆品，用来涂黑眼圈；银制管状容器里面装着拔刺用的镊子，因为当地树上时常会掉刺。

阿曼男人的头饰有很多种，主要根据部落、地区、季节和场合的不同，有的缠头巾，有的戴帽子，时而变化。一般来说，身份较高的人或参加正式活动时都戴头巾，头巾要紧紧地盘绕在头上，缠好后，必须留一个巾角垂在左耳边。现在人们为了省事，将头巾改为帽子，戴上之后看着仍是戴头巾的样子，免去了缠头巾的麻烦。沿海居民在非正式场合则通常戴一种线织的绣花小圆帽，帽子总体基调是白色，镶有金丝线和以彩线绣上的各种优美的花纹图案。有些内地和沿海人根据身份和用途的不同，戴各种质量的羊绒或羊毛头巾。

阿曼不同地区的女子服饰各不相同。城市妇女和一些年轻的农村妇女喜欢穿着鲜艳的印花长袍，戴艳丽的头巾，许多人已不戴面纱。服装的款式主要是长袖的直筒长衫，一般长度在膝盖下，里面是在脚踝处有紧口的裤子。巴提奈和佐法尔部分地区的妇女则必须戴面具，遮住鼻子，只露眼睛。一些贝都因部落的妇女也要戴面具，还有些穿黑色长袍，戴黑色面纱，只在眼睛处露出一条窄缝。沿海的巴提奈地区妇女喜爱紫色和黑色，内地妇女服装色彩艳丽，主要是橙色、黄色、绿色等，衣衫外还有一件用两大块棉布缝成的外罩，叫"来苏"。阿曼妇女普遍喜欢金银首饰，无论家庭条件如何，几乎每人都有几件。阿拉伯妇女佩戴的金银首饰一般都选体积和重量较大的，有"金银首饰是阿拉伯妇女体重的一部分"的说法。

阿曼男子喜欢在腰的右侧佩戴一种称为"罕贾尔（Khanjar）"的弯刀，这种弯刀原来是在沙漠中用来防身的武器，现在演变成一种象征阿曼人勇敢强悍的民族气概的装饰品，也是阿曼人身份和地位的象征。"罕贾尔"弯刀的价格相当昂贵，普通的400～500阿曼里亚尔

---

① "比什特"：一种用金线镶边的黑色、浅黄褐色、浅咖啡色或白色的氅。

（约合 1 040~1 300 美元）一把，高档些的价格可达数千阿曼里亚尔，有的刀柄用犀牛角、象牙和黄金制成，上面镶嵌名贵的宝石。根据阿曼的习俗，如果一名成年男子在正式场合不佩戴弯刀，则会被认为是"衣冠不整"而遭到奚落。除此之外，阿曼人无论男女都喜欢赤脚穿拖鞋，即便在正式场合，男子也常穿拖鞋出席。

三、礼仪

阿曼人热情好客，一般以茶、水果、小麦饼、肉、饼干等食品待客，对尊贵的客人还有羊肉抓饭、炖菜等。当拜访阿曼家庭时，主人总是先敬上一杯红茶，有时也用阿拉伯茶或阿拉伯咖啡待客。客人喝完一杯咖啡后，如果不想继续喝，就把空杯子在手中晃一下，否则主人就会不停地把咖啡倒满。阿曼人到阿曼人家里做客，主人会在门口迎接。男女宾客被带领到不同的房间。有时客人一进门，主人就捧出香炉，点燃香料为客人熏香。送客时更要行熏香、洒香水等整套的礼仪。主人还会拉起客人的手一直送到大门外，目送客人离去。

阿曼同非阿拉伯国家的同性外籍人行握手礼，对阿拉伯国家的人行拥抱和亲吻礼。卡布斯苏丹接见臣民时，臣民可以拥抱和亲吻苏丹，一般人吻他的左肩以示尊敬和崇拜；王室家族成员可以吻他的鼻子，表示亲近和热爱。阿曼长辈对未成年的男女孩都行吻礼，一般长辈只吻孩子的额头，有时为表示热情，也吻孩子的双颊。阿曼对妇女给予多方便利，在街上、商店里或办事机构都对妇女优先照顾。男子不可斜视妇女，不可行握手礼，只可点头示意；不可和女性交谈、亲近女性或拍摄女性照片。

四、婚姻

早期阿曼的女子通常在十一二岁便订婚，如今女孩普遍接受教育，则结婚年龄推迟到20岁左右。在阿曼，如果男子想娶离婚或丧偶的女子，可以自己向女方男性亲属提亲。除此之外，阿曼人的婚礼多由父母包办。

阿曼人结婚通常分为四步，即"问亲""承诺""婚约""婚礼"。"问亲"通常由父母或姐妹进行，以征得双方同意。"承诺"则是双方要确定男方向女方送聘礼的数目，聘礼可以是结婚用品也可以是现金，形式多样。聘礼作为丈夫送给妻子的结婚礼物，完全由妻子支配，成为她的个人财产。在阿曼，聘礼通常要包括一部分黄金以供新娘保存下来，将来万一离婚时使用。聘礼的多少根据地区有所不同，有的地区高达几千阿曼里亚尔。第三步就是双方在宗教法官面前签署婚约，完成法律上的程序。第四步便是举行婚礼。

在阿曼有这样一句话："谁要娶陌生女子为妻，就好比喝了一壶不知为何物的饮料一样；而娶堂妹为妻，就如喝了看得见并知为何种饮料那样痛快。"这句话揭示了阿曼特殊的婚俗，即男青年多半娶堂妹为第一个妻子，这种近亲婚配也产生了很多先天畸形的后代。时至今日，阿曼人逐渐扩大了择偶的范围。在阿曼，绿色象征着丰饶，因此新娘在新婚之夜要穿绿色礼服，寓意着新娘能够养育很多孩子。在内陆地区，新娘的手、脚和脸都要用一种棕红色的颜料画上精美的图案。旧时，阿曼的新婚夫妇第一次见面是在婚礼上，然后被护送到他们的房间或帐篷里；新婚第二天，新婚夫妇要去看望新娘的父母；第三天，新婚夫妇就可以开始蜜月旅行了。现在，随着社会的发展，年轻人可以相互认识的场合也逐渐增多。

伊斯兰教法中所规定的一夫多妻习俗在阿曼日常生活中并不多见，一夫多妻现象主要在偏远的山区和农村地区，城市里多满足于一夫一妻。按伊斯兰教法规定，阿曼男人只要对妻子说三次"我休了你"，便可以合法终止婚姻，男子必须付给被休的妻子赡养费。反之，阿曼妇女只有在丈夫不能生育、与他人通奸或不供养她的情况下才可以向法官请求裁决离婚，且离婚后的女人必须等一段时间才能再婚，以便确定她是否怀有前夫的孩子。离婚的女子回娘家时，通常要带上5岁以下的孩子。如果孩子超过5岁，父亲一方就有权留下。总体来讲，阿曼沿海地区的离婚率比内地高得多。

相比于其他阿拉伯国家，阿曼男人对妻子亲切温柔，妇女也可不戴面纱，更可以骑在驴背，自己在前，其夫在后。妇女见陌生人也不必回避，而是可以有礼貌地与之交谈。这充分说明阿曼妇女在家庭有一定地位。更有甚者，在叫作"互希巴"的贝都因人部落，女人"一手遮天"，主宰一切。女人在这个部落拥有的权力和地位，在阿拉伯任何其他部族中都是没有的。这个部落结了婚的男人往往与妻子分居，住在自己父母的家里。当然，这是因为该部落有较为浓厚的母系氏族社会残余。

五、葬礼

在阿曼，人死后要完成一系列非常重要的宗教仪式。首先需要仔细清洗遗体；然后人们给遗体涂上香油，在遗体上和手指、脚趾间洒上香料和"卡富尔"[①]；最后用一块崭新的白色平纹细布把遗体包裹起来，放入木匣，在亲属的护送下抬到墓地，葬到一个一米多深的墓穴里，由其最亲近的人填入第一锹土。墓葬中死者为侧卧姿势，面朝麦加的方向。葬好后，墓前竖一块石碑，用石子标明头和脚的位置。下葬只在白天进行，而且要在24小时内完成。阿曼丧偶的妇女有四个月零十天的哀悼期。为确认可能存在的遗腹子的父亲的身份，消除对孩子继承权方面的疑虑，哀悼期内她不能见任何男子。恢复正常生活前，她要按照宗教仪式沐浴一番，并必须穿着旧衣服，不能化妆和戴首饰。

第四节　节假日

阿曼的正常作息时间是周六到周三为工作日，周四、周五为假日。工作日期间，政府机关的上班时间是从早晨七点半到下午两点半；私营部门的上班时间是从上午八点到下午一点，休息三个小时后，下午四点到晚上七点继续上班；市场与私营部门执行同一作息时间。

阿曼国家节日和庆典主要有：每年11月18日举国庆祝卡布斯苏丹的生日，这天也是国庆节；7月23日，卡布斯登基日；12月11日，武装部队日；1月25日，阿曼儿童节；2月24日，阿曼教师节；3月4日，阿曼妇女节；3月21日，阿曼母亲节（家庭节），等等。其中，国庆节放假两天。

作为伊斯兰国家，阿曼的宗教节日有：登霄节（伊斯兰教历7月17日）、斋月（伊斯兰教历的9月，阿拉伯语为拉玛丹月，持续一个月）、开斋节（伊斯兰教历的10月1日。斋月第29日傍晚如见新月，次日即为开斋节；如不见新月，则再封斋一日，共为30日，第二天为开斋节）、古尔邦节（伊斯兰教历的12月10日，汉译为宰牲节）、圣纪

[①] "卡富尔"：一种有浓郁香味的白粉。

节（伊斯兰教历的3月12日）、伊斯兰教历新年、阿术拉节（伊斯兰教历的1月10日）等。其中，伊斯兰教历新年、先知诞辰和登霄节各放假一天；开斋节放假四天；古尔邦节放假五天。

除此之外，阿曼传统节日和庆典还有：赛骆驼、赛马，阿曼民歌节，马斯喀特电影节等。

第五节　饮食习惯

阿曼人的主要食物相对单一，有大米、小麦、鱼、牛羊等；水果有椰枣、香蕉、橙子、杧果等。在烹饪食物的时候，阿曼人的烹饪技巧也没有独到之处，印度风味的咖喱菜几乎是其国菜。此外，阿曼人喜食一种叫"哈尔瓦"（Halwa）的甜食，是把印度酥油、淀粉、红糖、小豆蔻和蜂蜜等一起放在大锅里熬制而成。虽然阿曼是伊斯兰国家，但是酒类在大饭店和高档的餐馆仍有供应，政府对各种酒类收取100%的进口关税。伊斯兰教历的9月是斋月，白天在日落之前不准进食和喝水。非穆斯林和不需斋戒的人白天也不准在公共场合吃喝东西，以示对穆斯林的尊重。另一个饮食风俗是，阿曼人用餐时禁用左手。

第六节　教育、卫生、体育、新闻

一、教育

卡布斯苏丹曾经指出，"发展教育是一个国家提高国民素质的先决条件，高素质的人才是国家发展的基石"，因此卡布斯苏丹执政后一直把教育作为政府优先发展的领域，并号召全国人民"要尽快开始人民教育和培训"。卡布斯苏丹还强调建立学校、教育公民、开启文明之窗是阿曼的首要任务，并认为教育是加强阿曼人为祖国服务能力的手段，教育、文化与觉悟是教育的基石。阿曼的教育方针可以总结为：努力提高教育质量，努力发展职业教育，培养学生适应阿曼各方面的建设发展要求，尤其是适应劳动力市场形势需要的工作能力，使学生培养进度与国家飞跃发展的速度相协调，教育实践与社会的规划相结合，及时地输送合格的人才。在卡布斯苏丹的重视与政府的大力推进下，阿曼的教育事业取得了突飞猛进的发展，形成了配置较为优良的教育体系，阿曼公民从学前教育一直到大学都享受免费的国家教育，得到了联合国教科文组织的高度评价。

相比于其他国家，阿曼的教育事业起步较晚。1967年到1970年，阿曼全国只有3所学校，909名男学生，教师不超过30名，女孩不能接受教育。而1967年之前，整个阿曼只有一些清真寺的阿訇为男孩子们宣讲一些伊斯兰教知识和计算方法等，授课地点则大多在树荫下、帐篷里，且没有专门的教材，一般不允许女孩听课。1970年后，卡布斯苏丹制定了多项教育方针，主要有"全民教育"、"女孩和男孩享有同等教育权利"和"开发人力资源、满足国家建设和社会发展的需要"等，并将大量石油收入投资到教育领域。1970年到1975年，阿曼的教育经费为4 290万美元；1976年，阿曼的学校数量增加到207所，学生人数增加到55 752名。值得注意的是，这一时期阿曼的女孩有史以来第一次在自己国家的学校接受教育。

1981年，阿曼学校的数量已达389所，男女学生共107 992名。与1975年相比，分别增加了约88%和94%。1985年，全国有小学308所，初中195所，高中38所，在当时阿曼全国100多万人口中，共有学生21万多名，教师1万多名。无论是平原、海滨还是山区，全国各地都建起了学校，国家对教育的投资和公民受教育的比例都是相当高的。1986年，学校总数量达606所，学生数量为22.2万人；1990年9月，学校的数量增加到759所，男女学生共32.7万名，教师人数达1.4万人。2000年，阿曼国内有各类学校近千所，在校生50多万人，几乎占全国225万总人口的25%，教师2.5万余名[1]。2005年政府投入教育经费5.46亿阿曼里亚尔，阿曼人口的76%接受过初级教育，75%接受过中级教育；15岁以上的成人识字率达到81.4%，15~24岁的青年识字率为97.3%。在教育扶持方面，2005年，卡布斯苏丹宣布家庭接受社会保障金的阿曼青年就读学士学位期间可以获得奖学金[2]。2006年阿曼有

---

[1] 黄培昭：《蓬勃发展的阿曼教育事业》，《阿拉伯世界》，2000年第3期，第24页。

[2] EIU, Country Profile 2008, Oman, p.14.

学校1 053所，在校生56.3万名，教师4万名。2014—2015学年，阿曼总共有529 469名学生在政府学校就读，其中男性为267 547人、女性为261 922人，全国各省1 053所政府学校共招收新生12 578人。截止到2015年，阿曼教育部门共有行政人员11 480人，教师55 343人，监督人员2 379人①。目前，阿曼成人识字率达到91.1%，其中男性识字率为93.6%，女性识字率为85.6%②。

为了适应国家整体发展速度，推进经济多元化储备人才，阿曼政府不断完善本国教育体制，制订了高标准教学计划，并实行了基础及中级教育培养体系。阿曼将原来的三个阶段（基础阶段1~6年级，预备阶段7~9年级，中级阶段10~12年级）的教育体系改为许多阿拉伯国家均已采用的两个阶段（基础阶段1~10年级和中级阶段11~12年级）的教育体系。这套教育体系的优点在于便于和其他阿拉伯国家教育接轨，阿曼学生中学毕业后就可以直接进入其他阿拉伯国家的大学学习，而不需要再补充中学课程。此外，这套教育体系还有利于降低辍学率，保证所有学生都能完成10年的基础课程学习，提高劳动力素质。

阿曼的高等教育体系包括大学和其他从事教学研究及职业培训的学院。1998年，阿曼政府成立了高等教育理事会，负责监督高等教育机构教育、研究计划的实施。2001年，阿曼成立了鉴定理事会，该理事会设有三个常设委员会，负责审核批准高等学院办学资质，并对高等学院的教学水平进行监督。

20世纪70年代，阿曼还没有高等学府，阿曼人若想接受高等教育，只能通过申请海外奖学金获得。1986年9月建立的卡布斯苏丹大学是全国第一所高等学校。近年来，阿曼为了进一步培养高素质人才，大力扶持教育事业，创造各种条件以扩大教育的普及范围，并到国外培养国内需要的各种人才，使得其在高等教育方面取得了突飞猛进的发展。阿曼本国的大学受数量及规模的限制，容纳不下所有的中学毕业生。阿曼政府便制定了一种激励措施，给那些学习成绩达到90分以上的学生提供去美国、英国、新西兰、德国、澳大利亚或法国留学的机会；获得85分以上的学生可以获得前往海湾国家学习的机会。阿

---

① Sultanate of Oman Ministry of Information, Oman 2015, p.185.

② Central Intelligence Agency, The World Factbook, "Oman", http://www.cia.gov/library/publications/the-world-factbook/geos/mu.html.

曼高等教育部为派到国外攻读硕士或博士学位的学生提供六种奖学金，包括学生奖学金、雇员奖学金、研究生奖学金、助学金和助教工资等。

阿曼国内的高等学府主要有卡布斯苏丹大学、伊斯兰教经学与法学院、技术工业大学等。建于1986年的卡布斯苏丹大学，是阿曼第一所集教育、科研、社区发展和与国外研究机构合作为一体的综合性大学。卡布斯苏丹曾盛赞卡布斯苏丹大学"是按照世界上最先进标准建立的大学，这是真的，没有半点虚夸，我们一定要继续保持这种高水平的办学方式"。目前，卡布斯苏丹大学拥有农业和海洋科学院、艺术和社会科学院、经济和政治科学院、教育学院、工程学院、法学院、医疗健康科学学院、科技学院和护理学院9个教学部门，还拥有教学医院、语言中心、计算机中心、教育提高中心、图书馆、运动场等教辅部门[1]。其中卡布斯苏丹大学教学医院拥有500余张床位，可为民众提供一流的医疗服务。2013—2014学年，阿曼全国共有57所公立和私立高等教育机构，包括大学、学院和特殊机构。同年，阿曼有35 159人获得毕业证书或同等学力文凭，26 151名新生被招入高等教育学校[2]。

据称，卡布斯苏丹大学每年获得经费拨款4 500万阿曼里亚尔（约合10亿元人民币），苏丹个人也向该校捐款。巨额的教育和科研经费使得卡布斯苏丹大学的研究项目不断增加，截止到2016年，该大学已经建立了10个研究中心，它们分别是：通信和信息研究中心、海洋生物技术卓越研究中心、地震监测中心、环境学习与研究中心、石油和天然气研究中心、阿曼研究中心、遥感和地理信息系统研究中心、水研究中心、人文学科研究中心、地球科学研究中心。此外，卡布斯苏丹大学还积极与国外大学或科研机构开展国际合作与交流活动，进行专家互访、课题合作、教师和学生互访、参加和承办国际研讨会，签订合作谅解备忘录等。我国北京大学、中央财经大学、山东大学等都与卡布斯苏丹大学有交流合作项目。

伊斯兰教经学与法学院成立于1997年，设有法律、尤苏尔奥丁（宗教教义）、伊斯兰文化3个系，每年招收120名学生（男女兼收），学制四年，主要培养司法、伊斯兰教法和法律研究方向的人才。2001年，阿曼政府还成立了伊斯兰经学学校，为13~18岁的男生提供普通

---

① 卡布斯苏丹大学网站，http://www.squ.edu.om/About-SQU/About-SQU。

② Sultanate of Oman Ministry of Information, Oman 2015, p.193.

教育和专业的伊斯兰教课程。阿曼还有很多公立或私立的古兰经学校，每年招收上千名学生。

1984年，阿曼政府在马斯喀特建立技术工业大学。截至目前，全国共有5所技工大学，分别是马斯喀特、萨拉拉、尼兹瓦、穆萨那、伊卜里技工大学，主要开设商业研究、信息技术（计算机）、工程、建筑和科学实验等课程，每年招收约1 500名大学生。

除公立学校外，卡布斯苏丹还鼓励私人企业投资兴建大学，这些大学可以享受到国家赠予土地、相当于大学总资产50%的财政资助（最高可达300万阿曼里亚尔）、免除税收和关税等国家扶持项目。但这些学校必须在政府的指导下开设课程，培养国家需要的专业人才。此外，多数私立学术机构与国外领先的学术组织有合作关系，以确保自己的学术地位得到认可。1996年至今，阿曼共建立了18所私立大学，分布在尼兹瓦、佐法尔和苏哈尔等地区。这些私立学校设置了众多学科，包括管理、工程、信息技术、经济学和会计学，以及其他一些技术性学科。近年来，阿曼私立大专院校的规模不断扩大，毕业生的数量有显著的提高。私立院校也同欧洲、美国和其他国家的一些大学签有学术交流协议。国家高等教育理事会和政府机构每年还为私立院校的1 000名学生提供家庭社会安全奖学金，资金来自政府及其下属机构和一些阿曼公司。全额奖学金包括博士、硕士和本科课程，共有80项。

阿曼特殊教育主要服务于残障人士，由1975年成立的专科教育部负责，主要职责是为聋、哑、盲人和智障儿童建立专科学校。建立于2002年的私立阿莫尔盲人学校设备齐全，卡布斯苏丹大学的文学院也可为11~35岁的盲人提供学习机会。阿曼的成人教育主要有扫盲教育和成人继续教育，重中之重是扫盲教育，扫盲工作的重点则在偏远的农村地区。因此，阿曼政府在农村地区开设了许多成人教育中心。截至2006年，全国有成人教育中心132个。在师资培训方面，从1976年开始，阿曼开始对男女教师，特别是从事初级教育的教师进行培训。如今，阿曼教师必须持有大学的毕业证书，还需接受英语培训。政府鼓励并为教师提供到国外接受高等教育的机会。此外，为了紧跟时代发展需要，提升人力资源技能，经卡布斯苏丹要求，2014年6月2日阿曼建立了专业的教师行业培训中心，该中心对新入职教师进行培训并提升现有教师的业务水平，监督教师们的工作情况①。

二、卫生

1970年以前，阿曼全国仅首都马斯喀特有2家小医院，有12张病床。当时医疗条件十分恶劣，医疗费用昂贵，全国只有13名医生和不到100名护理人员，导致霍乱、伤寒、肺病、天花等疾病肆虐，阿曼的人均寿命不到50岁。卡布斯苏丹执政后的40年里，他积极强调医疗卫生事业的发展对国民素质和社会发展的重要性，大力发展医疗卫生事业，并始终将医务人员的阿曼化作为医疗卫生发展的根本。截止到2014年，阿曼全国共有各级医院67所，床位6 561张；卫生所203个，其中有床位的72个，无床位的108个，流动卫生所23个；每千人拥有医生、护士、床位数分别为2.17、4.7、1.64②。2000年6月，在世界卫生组织对全球191个国家医疗卫生制度的考察中，阿曼荣获"全面医疗保健"评选第一名；主要疾病疫苗的管理控制能力世界第一，并达到世界卫生组织和联合国儿童基金会所要求的"高效疫苗管理控制"的最新标准；提供最佳的全面医疗护理居世界第八位。随着医疗卫生条件的改善和人民生活水平的提高，阿曼的人均寿命从1970年的不到50岁提高到2014年的76.6岁。

阿曼医疗服务的主体是成立于1970年的阿曼卫生部。截止到2015年年初，全国共有67家医院，其中49家为阿曼卫生部所属的医院。全国医院共有6 561张病床，约合每1 000名阿曼人拥有1.64张病床，其中卫生部所属医院的病床4 821张，约占病床总数的73.5%③。阿曼的医疗卫生服务保障体系分为三级，即基础医疗保障系统、二级医疗服务机构和三级医疗服务机构。基础医疗保障系统受到国家的重视，并得到优先发展，其次是二、三级医疗服务机构。总体而言，阿曼二级医疗服务机构分布于各省，医疗专家水平较高，主要负责处理较为复杂的病情，设有住院部，可对包括内科、外科、儿科、产科、整形外科、耳鼻喉科和眼科等的疾病进行治疗。医疗设备较为精良，有病理

---

① Sultanate of Oman Ministry of Information, Oman 2015, p.187.

② 参考中华人民共和国驻阿曼苏丹国大使馆网站，http://om.chineseembassy.org/chn/zjam/amgk/。

③ Sultanate of Oman Ministry of Information, Oman 2015, pp.203-206.

诊所、实验室和透视室。阿曼三级医疗服务机构则位于首都马斯喀特，是顶级、技术水平最高、医疗设备最好的医疗机构。

阿曼私营卫生部门近些年得到国家支持，也在加速发展。2015年年初，阿曼有13家私营医院、491家普通门诊、288家特别门诊、1家综合门诊、255家牙科门诊、64家中医或印度传统医学门诊、18家实验中心、7所核磁共振（MRI）中心及550家药房[1]。

三、体育

阿曼的体育运动起步较晚。1970年前全国只有4家俱乐部，但这些俱乐部不对外开放，只供王室成员、政府高官及其子女们休闲娱乐。卡布斯苏丹上任后，开始在普通百姓间普及体育运动，在全国各地建立各种俱乐部，成员迅速发展到几十万人。阿曼人的体育活动主要是足球、曲棍球、排球、保龄球、乒乓球、篮球、马术、板球和各种水上运动，并成立了各种专业运动队。1982年阿曼成为国际奥委会成员，并成立了阿曼奥林匹克委员会。1984年阿曼成立了足球和射击等协会。阿曼是阿拉伯足球协会、亚洲足球协会和国际足球协会的成员国。2003年，在不同的地区又新开办了5家体育俱乐部，西卜的一座体育馆配备了一系列的体育设施和多功能的室内运动场。阿曼努力创造机会让年轻人能够参加一些国际性的体育活动。阿曼的体育事务原来由青年、体育和文化事务总部负责。2004年10月，体育部成立，代替了青年、体育和文化事务总部，负责全国体育、文化等方面的事务。体育部在全国范围内组织了一系列的青年活动，如野营、旅游、比赛等。

阿曼人的传统体育活动种类丰富，有赛骆驼、赛鹰、赛马和斗牛等。全国性的骆驼大赛一般在每年国庆日举行。骆驼大赛赛程极长，为考验骆驼的耐力还要穿过一处沙漠，一般比赛开始时间都设定在黎明。比赛中观众们坐在卡车上催赶着骆驼跑，每当卡车快顶到骆驼屁股时，观众们便大声欢呼。鹰是阿拉伯人最喜欢的动物之一，赛鹰则是阿曼人最喜欢的活动。各部落都会在秋天举办"鹰猎"比赛，谁的鹰获得的猎物多，谁就能得到部落人的尊重，否则就会被人耻笑，没有地位。赛马则需要骑手在快速奔跑的马背上捡起武器。此外，阿曼

---

[1] Sultanate of Oman Ministry of Information, Oman 2015, p.207.

还有斗牛比赛，不同于西班牙的是，阿曼的斗牛比赛是牛与牛之间的较量。赛牛按照年龄、力量和体重被分成不同的等级，相同等级的牛进行比赛，一方用犄角将对方顶垮在地或迫使对方逃跑便为胜利。赛牛都由专人看管并拴有绳子，防止比赛时斗牛互相伤害。

阿曼现代体育项目主要集中于足球、曲棍球、排球等。总体而言，受国力等因素限制，阿曼竞技体育水平不高，但民众普遍参与到运动中来，并乐在其中。阿曼人热爱足球运动，足球几乎普及阿曼的各个角落。阿曼国家足球队的运动员从各个俱乐部挑选出来，代表国家参加地区和国际比赛。根据2016年国际足联公布的排名显示，阿曼国家男子足球队居世界第九十七位、亚洲第十三位。阿曼国内每年举办一次"卡布斯杯"足球赛，决赛一般在国庆节前夕举行，由卡布斯苏丹亲自向获胜者颁发奖杯。阿曼足球在国际赛事中的成绩并不理想，没有参加过世界杯决赛阶段的比赛，亚洲杯比赛中也屡屡止步于十六强。曲棍球运动是阿曼仅次于足球的第二大球类运动，排球则是第三大球类运动，1977年阿曼曲棍球队和排球队成立。在奥运赛场上，至今阿曼没有实现奖牌"零"的突破；在2006年的多哈亚运会和2014年的仁川亚运会上，阿曼也没有取得奖牌，仅在2010年的广州亚运会上取得一枚铜牌。

四、新闻

与教育、卫生一样，阿曼的新闻出版业起步较晚，都是于20世纪70年代卡布斯苏丹执政后才有所发展的。从1970年开始，在国家的大力扶持下，阿曼的新闻媒体从无到有地迅速发展起来。20世纪80年代，阿曼设立新闻部统一管理新闻出版业，新闻部设大臣、次大臣和大臣顾问等职，下辖新闻司、广播电台司、电视台司和行政财政司。此外，阿曼外交部也有自己的新闻研究司，下设5个职能处，主要负责处理外交事务方面的新闻工作。1980年5月，阿曼报刊局成立，主要负责出版和发行政治、文学、社会和文化等方面的报纸杂志。

1997年，根据卡布斯苏丹的诏令，阿曼成立了新闻、通讯、出版和广告公司(OEPNPA)，它是一个拥有独立财政和管理权的实体，也是阿曼最大的媒体机构。该公司下辖阿曼通讯社、阿曼报社、阿曼广告与公共关系公司等机构，工作人员阿曼化比例为95%，并有出国进修的机会。该公司还下辖阿曼新闻社，该社中所有雇员都是阿曼人。新闻社通讯记者站网络遍布国内外，通过记者站，新闻社能够与其他国家的新闻机构进行合作。新闻社配备了最先进的现代化设备，新闻接收和传送、采编和分析等设施都达到了国际先进水平，并通过卫星系统向国内外传送新闻。从互联网上可看到阿曼新闻社发布的《阿曼》和《阿曼每日观察》。此外，新闻、通讯、出版和广告公司的发行物包括《阿曼报》（阿拉伯语）、《阿曼每日观察》（英语）、文学类专业季刊《尼兹瓦》，以及其他书籍、诗集等。

阿曼新闻界的一个重要活动场所便是阿曼报业俱乐部，该俱乐部经常举办各种新闻、文化、文学方面的活动，并通过这些活动促进阿曼人和外籍居民、来访记者和其他媒体成员之间的交往。与阿曼有新闻合作协议的国家有卡塔尔、沙特阿拉伯、巴林、科威特、阿联酋、埃及、约旦、也门、突尼斯、摩洛哥等。

在报刊方面，1971年，阿曼首任新闻和旅游大臣、著名诗人谢赫·阿卜杜拉·本·穆罕默德·塔伊创办了阿曼历史上第一家报纸《祖国报》。此后阿曼报刊时代的大幕被拉开，多种多样的报刊相继问世。今天，阿曼的出版发行物已经增加到了36种，其中有6种日报（3种为阿拉伯语，3种为英语）。全国现有报刊主要有：《阿曼报》，1972年创刊时为周报，1980年起改为日报，是阿曼官方报纸，用阿拉伯语发行，主要刊登国内、地区性和世界重大新闻。周刊有《文化周刊》《家庭周刊》等特色周刊。现国内外发行，每期12版，发行量约2万份。

在广播电视方面，1970年，位于拜特·法拉吉的阿曼第一个小型广播电台建成，但该电台只有1千瓦功率，仅能覆盖首都马斯喀特。1972年，功率为10千瓦的新电台落成，于1975年开始进行中波功率100千瓦和短波功率200千瓦的广播。1979年，阿曼建成人造卫星地面站，并于当年第一次开始进行功率为1千瓦的广播。此后，两个电台通过人造卫星并联广播，每天用阿拉伯语播音19.5个小时，用英语播音15个小时，英语节目在调频和短波播出。经过逐渐发展，阿曼全国各地都增设了一些电台，在阿曼全国形成了一个广播网。从1982年开始，阿曼启动日播12小时的调频广播。为满足青年对文化、科学和艺术的需求，从 2003 年 7 月起，阿曼国内每天播放 7 小时的"青年节目广播"。截止到 2016 年，阿曼全国共有 25 家设备齐全的广播电台，分别用中波、短波和超短波进行播音。

1974 年马斯喀特电视台建立，1975 年萨拉拉电视台建立，1979 年两个电视台通过人造卫星相连，实现了电视节目的互换，阿曼国内的观众从此可以欣赏到更多的电视节目。随着阿米拉敏地区人造卫星台的建立，阿曼电视业覆盖了全国各地，并与外部世界取得了联系。20 世纪 90 年代，阿曼全国有大小 20 多个电视台，构成了一个强大的电视网络，并在此后逐步建立了现代化的数字演播室，通过地面和卫星数字广播电视的传输将节目送到千家万户，这也使阿曼成为阿拉伯地区第一个使用卫星传输电视节目的国家。从 2002 年起，阿曼电视台启用地面发送系统，使当地观众能够观看国内外的新闻及体育赛事、协商会议的辩论、阿曼与国外的连续剧等电视节目。该地面发送系统每天工作 5~7 个小时，有协商会议辩论和重大体育赛事时将增加到 10 个小时。如今，阿曼移动微型广播站（EFP）已经投入使用，电视台不需要任何外界的传输设备就可以直接发送新闻。此外，马斯喀特推行了数字电视，并加大了对现有电视台的维护保养力度。2013 年，阿曼电视台发起了分析检查活动，目的是提升电视节目的制作水平和艺术水准。目前，阿曼电视台的节目可以通过卫星和互联网渠道在全世界范围内收看。

随着对国内外文化交流的需要和节目制作技术的提高，阿曼与其他国家的广播电视公司签署了一系列协议。2004 年 3 月，阿曼新闻部和阿拉伯卫星交流传播组织（Arabsat）交换了协议，把阿曼的广播电视节目传送到亚洲、非洲、北美洲和南美洲。此外，还与法国广播电视巨头法国卫星服务公司（Globe Cast）签订了向澳大利亚和新西兰传送节目的合同。现在全世界都可以接收到阿曼的广播电视节目，各电台也通过专题节目、新闻和其他不同节目来介绍当前阿曼的文化、宗教、社会和科学的发展变化。与阿曼有广播电视节目交流的有海湾各国、荷兰、法国、德国、瑞典、印度、马来西亚和巴基斯坦等。

在互联网方面，1996 年年底，阿曼引入互联网，此后网络建设发展迅速，现已经形成了一套完整的系统。截止到2015年，阿曼共有243.8万互联网使用者，占全部人口的74.2%。此后，阿曼新闻部建立了自己的阿拉伯语、英语网站，定期发布和更新阿曼的重要事件和消息。阿曼的其他各个重要部门和机构也都有自己的阿拉伯语和英文网站。互联网的应用不仅是展示和介绍阿曼的一个平台，更方便了阿曼民众与政府的沟通。2003年阿曼协商会议第五次选举的全过程经过互联网向网民报道。网民还可以给选举委员会发送电子邮件，提出自己关心的问题。这些邮件能够得到阿拉伯语和英语的回复。在技术手段上，阿曼电信公司会对互联网上的不良信息和内容在进入阿曼之前进行技术删除处理，如果个人用户不通过阿曼电信公司而使用其他国家的服务商上网，费用则要高很多。

阿曼政府对于新兴的互联网产业大力扶持。2003年，政府耗资400万阿曼里亚尔修建了占地40万平方米的马斯喀特IT园。该园容纳了IT大学、电信软件研究中心、工业创始孵化器、居住区及其他公共设施。为了鼓励在互联网技术领域的投资，阿曼制定并实施了多种鼓励措施，如外国投资者最高可享有项目100%的所有权、一站式投资服务、免税最长可达10年。2003年3月30日，世界程序协会（WPA）向阿曼多个政府部门颁发证书，表彰阿曼政府部门在保护和使用正版电脑软件方面的努力及取得的成绩。阿曼也成为第一个正式获得WPA的阿拉伯国家。

第七章 外交

第一节 对外政策

一、外交原则

阿曼拥有自己独特的历史、迥异于他国的文化传统、重要的地理位置、丰富的矿产资源和现实的国家利益。因此无论是从阿拉伯地区政治的角度来说,还是从国际政治的角度来说,阿曼都是地区及国际关系交往体系中充满活力的组成部分。卡布斯苏丹执政后,根据本国具体情况,在对外交往中始终奉行中立和不结盟原则,主张在《联合国宪章》、国际法准则的基础上,加强同世界各国的友好与合作;在和平共处、互相尊重主权、独立、不干涉别国内政规则上同所有国家建立友好关系;通过文明间的对话交往方式解决国与国之间的分歧;反对使用武力或以武力相威胁干涉主权国家内政的行为;不主张采用断交、抵制等过激手段处理国家间的关系;改善同周边国家的交往关系,推动地区安全合作,加强阿拉伯国家之间的团结,建立安全与稳定的地区秩序和国际秩序。

近年来,阿曼凭借其奉行的温和中立、理性平衡、睦邻友好、不结盟、不干涉别国内政、主张通过对话协商和平解决争端的外交政策,在国际和地区事务中发挥独特作用,积极维护中东、海湾地区安全稳定,致力于同世界各国发展友好合作关系,迄今已同138个国家建交。卡布斯苏丹在阿曼委员会年度会议上说:"我们的外交政策有利于同不同国家和世界各国人民建立积极的外交关系。这种外交关系将支持我们努力去稳定地区局势,促进睦邻友好精神,构筑人民合作之桥,避免其他不利的交往后果。"[1]

冷战期间,阿曼总体上奉行亲西方的对外交往政策,反对苏联和以色列的扩张和霸权。冷战结束后,阿曼致力于推进中东和平进程;同时,抵制美国鼓吹的"人权高于主权"和实行的"新干涉主义",反对美国的霸权行径和单边主义,主张国际关系民主化,在联合国的框架内公开、公正、公平地解决国际社会的重大问题。一直以来,阿曼对于中东地区事务和国际重大问题都有自己的外交原则和鲜明立场:一是阿曼充分肯定联合国的相关作用及在维护世界和平方面所做的工作和努力,支持联合国体制和机构的改革倡议及进程。二是卡布斯苏丹将全球化时代的世界比喻为一个整体村落,主张抛弃狭隘的地域观念,以全球化的开阔的眼光进行世界各国之间的交往。卡布斯苏丹还呼吁,利用冷战后缓和了的国际形势和交往互利的时代背景,建立一个平等、均衡、合理的国际新秩序。三是作为发展中国家,在全球化和南北经济合作等与自身利益密切相关的问题上,阿曼政府秉持的理念是:世界经济结构已发生了变化,发展中国家经济普遍得到发展,但国际政治体系及经济规则仍操纵在发达国家手中,因此,阿曼要求调整和改革现存的国际经济秩序,并强烈呼吁发展中国家联合自强,实现共同繁荣和发展。四是在巴以冲突问题上,阿曼支持联合国安理会第242和338号决议,积极推进中东和平进程朝着有利于地区和平稳定的方向发展,主张在联合国有关决议和"土地换和平"的原则基础上实现中东地区全面、持久的和平。

二、外交政策目标与形成因素

阿曼的外交政策目标较为清晰,那便是通过自身公允、和平的外交理念,发挥自身外交作用,赢得世界人民的赞赏和尊重。首先,阿曼奉行睦邻友好、不干涉他国内政、相互尊重国家主权的原则。其次,遵循《联合国宪章》和国际法准则,支持一切旨在为地区和世界

---

[1] Sultanate of Oman Ministry of Information, Oman 2015, p.131.

和平做出贡献的地区性组织和国际组织。最后，支持阿拉伯国家联盟的主张和举措，鼓励阿拉伯国家为解决地区事务分歧所进行的建设性对话，努力实现本地区公正、全面的和平。同时，支持亚洲、非洲及其他各大洲一切正义的事业。根据上述原则和目标，阿曼展开了全方位外交。1984年，卡布斯苏丹便提出"广交友，少树敌"的口号，在兄弟国家与友好国家之间进行建设性对话。阿曼外交事务主管大臣阿拉维也曾多次强调："我们的外交是建立在真诚、相互尊重和有效合作基础之上的"，"阿曼的大门向所有国家开放，只要他们同阿曼在真诚、相互尊重和有效合作的基础上进行交往，我们就不排斥与任何国家建立友谊"[1]。

卡布斯苏丹的外交政策以务实和自主为主要特征，国外有学者将阿曼的外交政策分为5个演变阶段：巩固时期（1971—1975）、转型时期（1976—1980）、成熟时期（1981—1985）、务实阶段（1986—1994）和自主阶段（1995— ）[2]。然而，当我们从阿曼外交史上看，卡布斯苏丹的外交政策虽然是全球性的，但受历史遗产、王权政治统治、经济依附性等因素的影响，其外交全球性的理念大多停留在理论层面，在现实层面更多地表现出地区主义的局限。这主要是因为：一是阿曼历史的影响。从历史变迁的轨迹来说，阿曼具有相对独立的外交传统，包括与英国、美国、中东地区国家和印度的交往历史。这就使卡布斯苏丹不仅要将外交的根本着眼点立足于本地区之内，还可以在引领外交方面比其他国家更容易打破陈规，构建与英国、美国等西方国家的战略盟友关系，与以色列恢复正常关系，与伊朗实行和平相处的"平衡战略"。二是阿曼地缘位置富有战略意义，其地处阿拉伯半岛的东南端，是沟通印度、非洲和欧洲的交通要冲。阿曼独特开放的地缘位置，使其形成了外向型的外交方略。与此相比，如沙特阿拉伯和科威特等阿曼邻国，由于历史和地缘位置的孤立，其外交则表现出内向型的特征。三是石油成为决定阿曼外交政策的一大因素。在阿曼没有发现石油以前，阿曼苏丹国经济困顿，没有资金购买先进的武器，因此在外交上倾向于同大国结盟以实现本国安全。在阿曼开采石

---

[1] 黄培昭、苏雅丽：《当代阿曼苏丹国社会与文化》，上海：上海外语教学出版社，2003年版，第78页。

[2] J. A. Kechichian, Oman and the World, Santa Monica, Rand, 1995, p.180.

油以后，随着经济实力的逐渐增强，其外交独立自主意识日益明显，外交风格也显示出多元化。

三、外交成就

阿曼作为古代文明国度之一，与世界其他文明区域自古便有文明交往的经历。阿曼独特的地理位置，使其有着得天独厚的贸易优势和繁荣的贸易网络，其贸易范围经印巴次大陆、东南亚、东亚一直延伸到远东地区。阿曼商人还曾远航中国、美国、非洲海岸、中非及南非。近年来，阿曼政府也追寻古代商贸道路，加大了同中国等国家的经贸交往，还稳步推进了与东非国家的贸易关系。

在多边外交层面，阿曼加入了海湾、阿拉伯、伊斯兰等地区和国际组织。1971年9月29日，阿曼加入阿拉伯国家联盟；同年10月7日，阿曼加入联合国；1972年2月29日，阿曼加入伊斯兰会议组织；1973年9月5日，阿曼参加不结盟运动；1981年5月25日，阿曼加入阿拉伯海湾合作委员会；1997年3月，阿曼加入环印度洋联盟；2000年10月，阿曼加入世界贸易组织；2014年10月24日，阿曼在北京正式签署《筹建亚投行备忘录》，成为亚洲基础设施投资银行（简称"亚投行"）的创始成员国。

四、对有关国际事件的立场

关于中东和平进程，阿曼政府一直致力于推进马德里和会以来的中东和平进程所取得的成果，呼吁各方依照所签署的协议切实和平解决有关问题。此外，卡布斯苏丹支持巴勒斯坦解放组织，对其给予了一定政治上和物质上的援助。阿曼赞同东耶路撒冷作为巴勒斯坦国的首都，呼吁保障巴勒斯坦难民的生存权益，使难民能够尽快回归家园，要求以色列妥善解决巴勒斯坦难民问题，呼吁美国和国际社会在巴勒斯坦问题上发挥积极作用。在阿曼国庆第二十九周年的庆典演讲上，卡布斯苏丹发表讲话，强调了阿曼对于中东和平进程的承诺："我们相信和平，并且我们努力实现和平，同时我们要在全面公正和相互尊重的基础上，加强我们与各个国家之间的友好往来，我们坚定并一贯支持所有的正义行动，特别是巴勒斯坦为获得他们的权利和建立他们的国家而进行的斗争，为解决叙利亚的戈兰高地、黎巴嫩南部和所有阿拉伯国家、伊斯兰和国际事件相关问题进行的斗争。我们希望中东和平进程将给各方带来公正的解决方法,我们恳求国际社会尽最大的努力来解决导致苦难和威胁和平的突出问题。我们很高兴消除不公正局面,实现各国之间的安全、稳定、友谊和合作。"①

与此同时,阿曼政府坚定支持在国际法的框架内为推进中东和平进程所做出的各种努力,并呼吁所有国家共同努力,"把巴勒斯坦人民从以色列压迫的苦难中解救出来"。阿曼对于以色列的外交态度是,强烈谴责以色列对巴勒斯坦实施的非法政策及其对巴勒斯坦神圣土地的侵犯。阿曼反对以色列在巴勒斯坦的殖民政策及其单边修建隔离墙的行为,这些单方面强行实施的行为均与国际法相悖,违反了和平准则及其与巴勒斯坦经过谈判所达成的一系列协议。此外,阿曼还谴责针对以色列、巴勒斯坦平民的暴力行径,支持巴勒斯坦争取民族权利的斗争。2010年,阿曼协商议会公开谴责以色列关押巴勒斯坦议员的行为②。阿曼呼吁国际社会采取措施使以色列服从国际法的决议,站在公正的立场上,以和平的方式解决阿以问题。

对于伊拉克问题,早在萨达姆统治时期,阿曼与伊拉克就恢复了外交关系,并建立了自由贸易区,表达了双方进一步合作的愿望。伊拉克战争之前,美国的制裁使伊拉克平民缺衣少食。2002年,阿曼外交事务主管大臣阿拉维在开罗访问期间强调,早日解除对伊拉克的制裁,使伊拉克人民摆脱苦难,是所有阿拉伯国家的共同愿望。阿维拉在2002年3月13日与埃及外长穆萨会谈后举行的记者招待会上指出,"包括海湾国家在内的所有国家都认为,使伊拉克人民继续遭受痛苦是没有道理的"。他同时强调,伊拉克问题的解决需要耐心和慎重,需要阿拉伯国家、联合国安理会以及国际社会的共同努力。阿曼呼吁国际社会和联合国结束对伊拉克的制裁和经济禁运③。2002年3月,在贝鲁特召开的阿拉伯国家联盟峰会上,阿曼对伊拉克和科威特之间的矛盾进行了调解。阿曼认为国际社会对伊拉克制裁的解决方案要有柔韧性和灵活性。

---

① 《阿曼2002—2003》,阿曼新闻部,第56页。
② 新华网,http://news.xinhuanet.com/world/2010-07/01/c_12283704.htm。
③ 人民网,"阿曼希望早日解除对伊拉克的制裁",http://www.people.com.cn/GB/guoji/22/83/20010314/416368.html。

第七章 外交

伊拉克战争后，阿曼要求美国保持伊拉克领土完整，呼吁美国尽快撤军，支持伊拉克人民渴望稳定、成立自由选举政府和自行解决其政治事务的权利。随着伊拉克问题的不断明朗，阿曼政府的态度也非常务实。阿曼欢迎伊拉克在安理会第1546号决议的基础上建立伊拉克临时政府，并表示希望伊拉克最终能建立一个独立稳定的新政府。阿曼支持伊政府为实现国家稳定和民族团结所做出的努力，主张通过对话和政治途径促成内部和解，阻止流血冲突。阿曼政府坚信伊拉克重建离不开国际社会的支持，尤其是联合国应该在政治进程中和伊拉克重建中发挥至关重要的作用。

卡布斯苏丹对恐怖主义一直持反对态度。在1985年的国庆节上，他说："制造混乱的是恐怖主义，他们政治上的动机在于让别人遵循他们的意志。他们这样做破坏了伊斯兰教的形象。"[1]"9·11"事件以后，阿曼一直谴责恐怖主义，多次声明"任何形式的、任何起因的恐怖主义必将威胁整个人类的和平和安宁"，呼吁全世界共同打击恐怖主义。对于2013年年底以来肆虐中东的"伊斯兰国"和欧洲恐怖主义袭击，阿曼政府予以强烈谴责。2014年在沙特西部沿海城市吉达召开的由阿拉伯国家外长与美国国务卿克里参加的会议上，阿曼政府同意团结起来共同应对包括"伊斯兰国"在内的所有恐怖组织，建立涵盖各个层面的反"伊斯兰国"联盟。阿曼还同意阻止极端武装分子从邻国进入叙利亚或伊拉克，打击向"伊斯兰国"和其他恐怖组织提供资金支持的行为，反对散布宗教仇恨情绪，将恐怖分子绳之以法。阿曼政府还承诺向受到极端武装组织迫害的地区提供人道主义援助、帮助他们进行重建，并支持受到极端组织直接威胁的国家[2]。

在也门、利比亚、叙利亚问题上，阿曼的总体外交政策一直秉持着不干涉内政、政治解决的原则。对于也门问题，阿曼政府认为应在广泛内部对话的基础上，"不受外部破坏性干扰地"解决也门冲突。对于利比亚问题，阿曼政府多次积极地向利比亚提供人道主义援助，并强调确保利比亚人民的生存权利。对于叙利亚问题，阿曼外交部于

---

[1] Rosalind Miller, Our Man in Oman, The Washington Post, November 19, 1995.
[2] 网易新闻，《十国同意与美共战伊斯兰国》，http://news.163.com/14/0913/16/A61LULIR00014AED.html。

2012年10月24日发表声明指出,"阿曼主张叙利亚各方停止流血冲突,立即开启政治对话,寻找各方都能接受的解决方案,以满足叙利亚人民的期待,维护叙利亚乃至整个地区的安全和稳定。阿曼希望叙利亚各方充分运用政治智慧,尽快停止暴力和破坏,通过对话政治解决叙利亚问题"[1]。2015年10月2日,阿曼外交事务主管大臣阿拉维与俄罗斯外长拉夫罗夫通电话,强调了坚决反击恐怖分子和尽快根据《日内瓦公报》开启叙利亚问题政治调解的必要性。

第二节　对外关系

一、加入阿拉伯国家联盟和联合国

卡布斯苏丹执政后便积极着手加入阿拉伯国家联盟。为争取阿盟国家支持阿曼加入阿拉伯国家联盟,卡布斯苏丹成立了一个外交代表团,以教育大臣绍德·本·阿里·哈里为团长,先后到沙特阿拉伯、伊拉克等11个阿拉伯国家进行外交游说。1971年3月,阿曼政府率先提出入盟申请,因南也门反对,阿盟在9月才正式对申请进行讨论。

1971年5月,阿曼申请加入联合国,但联合国的阿拉伯使团声明说,阿曼如果想成为联合国成员,必须先加入阿盟,即两个为挂钩关系。这需要在阿盟做出是否接纳阿曼的决定后,再讨论阿曼加入联合国问题。此时,因为阿曼与沙特阿拉伯在领土方面一直存在争议,因此沙特阿拉伯反对阿曼加入任何国际组织。为了争取沙特阿拉伯的支持,卡布斯苏丹积极与沙特阿拉伯寻求妥协,经过艰苦的外交努力,沙特阿拉伯最终同意阿曼加入阿盟。10月4日,安理会建议联合国大会接纳阿曼为正式成员国。10月7日,阿曼正式成为联合国的第131个会员国。

在联合国这个世界最大的多边组织舞台上,阿曼曾担任过联合国安理会非常任理事国,一直拥护《联合国宪章》、宗旨和原则,主张一切主权国家平等相处,加入联合国的国家不受任何歧视,并进行广泛

---

[1] 新华社网站,《阿曼呼吁叙利亚冲突各方宰牲节期间停火》,http://news.xinhuanet.com/2012-10/24/c_123860800.htm。

的国际合作。21世纪以来，阿曼积极支持联合国体制和机构的改革倡议，同时要求增加安理会成员国。在联合国维和行动问题上，阿曼坚持要求联合国维和行动应严格遵守《联合国宪章》，不以干涉主权和领土完整为目的，强调维和的重点应放在人道主义援助范畴内，健全维和机制，维和部队介入地区冲突与危机时要采取慎重的态度。

二、与海湾合作委员会国家间的关系

20世纪70年代末和80年代初，海湾地区地缘政治格局发生很大变化。阿曼主张海湾安全结构应包括政治、经济、安全和文化等各个方面，希望通过海湾合作委员会与海湾国家一起维持海湾安全局势。1981年2月，海湾各国在阿曼的提议下在利雅得召开部长级会议，商讨成立海湾合作委员会（简称"海合会"）的有关事宜；3月，海湾六国外长又在马斯喀特集会并达成协议；5月，海合会正式成立。在海湾合作委员会前期谈判和成立过程中，阿曼政府一再强调会员国的平等地位，同时反对将海合会定位成反对伊朗的军事集团。卡布斯苏丹宣称，如果将海合会定位为北约式的组织，会被伊朗认为是一种敌对的集团，有损于地区稳定。在卡布斯苏丹看来，海合会建立的主旨是实现海湾乃至中东地区安全，而不是战略结盟。

1984年6月，海湾合作委员会决定采纳阿曼在8年前提出的设想，即对本国沿海12海里以内的地区进行管理。1986年3月至4月，阿曼参加了海合会国家的海军和空军演练。阿曼苏丹代表在海合会发表声明：阿曼准备采取必要措施保证在海峡地区的航行自由，阻止任何破坏活动。1988年两伊战争结束后，海湾地区的紧张局势稍显缓和。但出于维护海湾地区和平稳定、保卫主权及领土完整的考虑，阿曼一直提议海合会成员国之间加强军事合作，并积极参加半岛防护训练部队。1991年12月，在第十二届海合会首脑会议上，卡布斯苏丹建议将半岛防护训练部队扩大到10万人，由海湾六国分别派兵组成，统一领导、统一指挥、统一训练、统一使用，但该提议遭到海合会拒绝，只是建议将半岛防护训练部队增加到25 000人。

此外，阿曼对于海合会国家贫富差距加大的现象极为不满。1988年3月，海合会与欧盟签署贸易条款，要求享有最惠国地位，冻结新关税，欧盟则帮助海湾国家扩大能源、工业和农业部门。1990年6月，阿曼政府签署冻结海合会与欧盟关税的条款。这主要是因为：一是海合会与欧盟建立联系的主要获益者是沙特阿拉伯，新协议的签署将使沙特阿拉伯的石油化工产品大量进入欧洲市场，但这同时也损害了海合会其他成员国的利益；二是卡布斯苏丹认为欧盟与海合会的任何亲密合作只会使海湾地区原本经济就发达的沙特阿拉伯和科威特更加繁荣，而对阿曼则无关轻重。出于影响经济合作框架的考虑，1992年，阿曼主持了第一届欧盟-海合会部长级会议，为促进两个组织间的经济联系积极献策。1994年4月，阿曼发起主办了能源论坛，研究海合会国家与欧盟之间的合作。1995年10月，阿曼主持了海合会-欧盟工业会议，考察了经济合作的前景。

进入21世纪以来，阿曼积极参加了海合会举行的重要会议，与海合会其他成员国在政治、经济和军事等各方面都有着较为密切的合作关系，但与沙特阿拉伯在海合会框架下的纷争越发明显。2004年12月和2005年12月，卡布斯苏丹率阿曼代表团参加了第二十五届（在巴林首都麦纳麦召开）、第二十六届（在阿联酋首都阿布扎比召开）海合会首脑会议。2006年5月，阿曼副首相法赫德出席在沙特阿拉伯首都利雅得召开的海合会第八次首脑磋商会议。同年12月，阿曼卡布斯苏丹出席在利雅得召开的第二十七届海合会首脑会议。2008年12月，第二十九届海合会首脑会议在阿曼首都马斯喀特召开，卡布斯苏丹在主持开幕式讲话时说，海合会自成立以来取得了一些成就，巩固了海湾国家的安全和稳定，为海湾人民生活提供了保障。海合会各国首脑将在已经取得成绩的基础上，努力实施更多全面的战略发展计划。卡布斯指出，部分海湾经济一体化计划的实施以及海合会成员国私有部门的自由性为海湾国家的全面发展提供了机会。海合会将在经济平衡、稳定的基础上同其他国家进行合作。当前的国际经济形势要求各国团结起来，使经济和社会重回发展轨道，从而维护世界稳定和合作。

就与海合会各成员国的关系而言，在与沙特阿拉伯的关系方面，阿曼与沙特阿拉伯存在着相当长的陆上边界线，在"布赖米绿洲问题"上也存在过领土争议。1935年，沙特阿拉伯政府声称拥有佐法尔和鲁卜哈利沙漠的领土主权。在英国人的调停下，1938年两国划出边界线。1949年，沙特阿拉伯政府又对布赖米绿洲提出主权要求，并于1952年派兵占领了阿曼村落。1955年，阿曼赶走了沙特阿拉伯军队。

第七章 外交

另外，沙特阿拉伯一直支持阿曼教长国，为阿曼伊玛目提供庇护。卡布斯执政后，开始大力改善同沙特阿拉伯的外交关系，两国关系才逐渐得到缓和。1971年12月和1973年4月，卡布斯苏丹两次会见费萨尔国王。沙特阿拉伯考虑到在地区安全层面建立外交关系的相互需要，以及阿曼与英国的友好关系，宣布承认阿曼苏丹国和卡布斯政权，放弃了对阿曼教长国的支持。沙特阿拉伯还对阿曼提供1.5亿美元的财政援助，支持阿曼镇压佐法尔游击队①。随后，沙特阿拉伯以项目援助和军事设备购买的方式向阿曼提供1 200万美元的经济援助。1972年，沙特阿拉伯军事人员到佐法尔作观察员，阿曼军队则在沙特阿拉伯接受训练。1973年，沙特阿拉伯国防大臣表示："如果阿曼面临外来侵略，沙特阿拉伯军队将进行干预。"②1974年，沙特阿拉伯放弃布赖米绿洲，两国关系发展的障碍基本被清除。

1979年苏联入侵阿富汗和伊朗伊斯兰革命进一步拉近了阿曼和沙特阿拉伯的关系。两伊战争期间，阿曼并没有追随沙特阿拉伯支持伊拉克。阿曼一方面与伊拉克保持有限接触，另一方面要求伊朗在战后重返海湾共同体。更令沙特阿拉伯恼火的是，海湾战争后阿曼希望伊拉克回归海湾共同体。在1994年的也门内战中，阿曼支持北也门阿里·阿卜杜拉·萨利赫政府，沙特阿拉伯则支持南也门民主共和国。此外，在近年来的伊朗核问题、霍尔木兹海峡问题、打击也门胡塞武装问题、叙利亚问题上，阿曼均不能与沙特阿拉伯达成一致意见，始终秉持较为中立的立场，不干涉他国内政。这也与阿曼国力有限，在地区政治层面需求不大有关系。

2005年6月，阿曼苏丹卡布斯访问了沙特阿拉伯，就进一步发展和加深两国在各个领域的合作关系达成共识。2006年，沙特阿拉伯国王阿卜杜拉访问阿曼。阿曼外交事务主管大臣阿拉维访问沙特阿拉伯。关于伊拉克问题，沙特阿拉伯和阿曼表示支持伊拉克过渡政府，反对干涉伊拉克内部事务，呼吁其他各方遵循这一原则。在中东和平进程和巴勒斯坦问题上，沙特阿拉伯和阿曼强烈要求以色列立即停止

---

① 黄培昭、苏丽雅：《当代阿曼苏丹国社会与文化》，上海：上海外语教育出版社，2003年版，第94页。

② C. H. Allen and W. L. Rigsbee Ⅱ, Oman under Qaboos: From Coup to Constitution, 1970—1996, London: Frank Cass, 2000, p.192.

侵犯巴勒斯坦人民的行径，停止在巴勒斯坦的土地上扩建犹太人定居点和建立隔离墙。双方还呼吁国际社会统一立场，加强合作，共同努力，对付和消灭威胁世界和平的恐怖主义。沙特阿拉伯还给予了阿曼大量援助。在沙特阿拉伯国王哈立德（1975—1982）、法赫德（1982—2005）统治期间，沙特阿拉伯为阿曼提供了4亿美元的经济项目援助[1]。另据国际货币基金组织的统计数据，从2012年1月至2015年5月，沙特阿拉伯对阿曼援助25亿美元，占其GDP的3.1%[2]。

在与阿联酋的关系方面，1960年至1961年，英国人沃尔克通过调查，在阿曼和阿联酋之间划出一条边界线，成为两国的疆界，结束了阿联酋与阿曼无明确国家边界的历史。1964年至1965年，英国人又对边界线做了进一步的调整，但仍存在一些问题。由于受英国的殖民统治，且英军主要驻扎地在阿曼，因此阿联酋独立前，居民出国护照上注明的是阿曼国籍。直到今天，阿联酋军警中仍有1/3是阿曼籍。

卡布斯苏丹上台后，承认阿联酋是一个具有国家主权的政治实体。1979—1980年，两国代表互访。阿联酋总统扎耶德也成为卡布斯执政后第一个造访阿曼的外国领导人，阿联酋还曾支持阿曼镇压佐法尔游击队。在海湾地区政策上，双方立场基本一致。1984年，阿曼与阿联酋签署军事协议。1985年，双方签署了安全协议。1990年，阿联酋总统扎耶德再次访问阿曼。1991年，两国互换大使。为了解决边界与水资源问题，两国成立阿联酋–阿曼高级委员会。1992年，两国同意对方公民可以自由出入。2002年，阿曼与阿联酋签订两国边界最终协议，为两国外交关系去除了最后一个不确定性因素。

由于地缘因素，阿曼和阿联酋之间的贸易交往十分紧密，阿联酋在阿曼非石油出口中占据80%左右的份额，是阿曼第一大非石油出口贸易伙伴。在阿曼的进口贸易中，阿联酋同样占据第一位。为了援助阿曼国内的建设，阿联酋主动接受阿曼50%关税的条件。20世纪90年代，阿联酋成为阿曼最大的非石油出口市场。2005年，阿曼苏丹卡布斯访问了阿联酋，阿联酋总统扎耶德对阿曼实现了回访。同年9月，

---

[1] C. H. Allen and W. L. Rigsbee Ⅱ, Oman under Qaboos: From Coup to Constitution, 1970—1996, London: Frank Cass, 2000, p.193.

[2] 中华人民共和国商务部网站，http://www.mofcom.gov.cn/article/i/jyjl/k/201505/20150500988261.shtml。

阿曼和阿联酋拟合资建设一座总投资达20亿美元的大型炼铝厂。该炼铝厂于2005年下半年开工建设，2007年底完工，设计年生产能力为65万吨。2006年，阿联酋副总理哈姆丹、副总统兼总理穆罕默德先后访问了阿曼。1973年以来，阿联酋对阿曼提供了大量援助。1973年阿联酋向阿曼提供2亿美元的军事援助。1978年又提供4亿美元用于佐法尔地区的石油开发[1]。2011年阿联酋援助阿曼36.8亿迪拉姆（约合10.04亿美元）。2013年阿联酋向阿曼注资5亿美元援助金，专门用于阿曼的基础设施建设项目。

阿曼与科威特的关系总体友好，但偶尔也有小摩擦。直到1971年6月，阿曼的伊玛目在科威特建立的办公处成为两国外交关系的最大阻碍因素。两伊战争后，科威特高级代表团访问阿曼，阿曼空军参加了海合会在科威特的军事操练。1989年3月，科威特内政大臣访问阿曼首都马斯喀特，讨论安全与警察训练等问题。伊拉克撤军、科威特复国之后，双方关系取得进一步发展的同时也存在较多分歧：一是在也门内战期间，科威特附和沙特阿拉伯的立场，干涉也门的内政，这引起了阿曼的反感；二是科威特反对阿曼关于海合会改善与伊朗关系的提议；三是科威特难以接受阿曼与伊拉克发展的信任性防御关系。2004年2月和4月，科威特首相萨巴赫两度访问阿曼。2005年，阿曼苏丹卡布斯访问了科威特。2006年科威特埃米尔访问了阿曼。

1972年，阿曼与巴林正式建立外交关系。1992年，阿曼与巴林举行大臣级会议。同年，他们将股票交易与促进商业发展联系起来。1992年，阿曼成为巴林和卡塔尔边界协议的调解者。2004年1月，巴林国王哈马德·本·伊萨访问了阿曼。2010年6月22日，阿曼苏丹卡布斯访问了巴林。

阿曼与卡塔尔为了在经济合作层面创建一个高层次的平台，于1992年组成联合大臣委员会。1995年9月，阿曼和卡塔尔内政大臣签署了关于安全和旅游问题的协定。2004年1月，卡塔尔埃米尔哈马德·本·哈利法访问阿曼。2005年阿曼苏丹卡布斯访问了卡塔尔。2006年卡塔尔第一副首相兼外交大臣哈马德访问了阿曼。

---

[1] C. H. Allen and W. L. Rigsbee II, Oman under Qaboos: From Coup to Constitution, 1970—1996, London: Frank Cass, 2000, p.195.

三、与中东其他国家的关系

在与也门的关系方面，1967年民主也门独立后，与阿曼一直处于紧张的敌对关系，主要是因为意识形态不同以及民主也门支持阿曼国内的反政府武装佐法尔游击队。1978年，民主也门发生政变；1979年，民主也门与苏联订立《友好合作条约》，适逢苏联入侵阿富汗，这使得阿曼与民主也门的关系进一步恶化。此外，阿曼国内最大的反政府武装佐法尔游击队将总部设在也门的亚丁市，并从边境渗透至阿曼国内进行破坏活动。阿曼将精锐部队设置在阿也两国边界，两国曾多次爆发边界冲突。1979年11月，阿曼和民主也门在阿盟总部所在地突尼斯举行谈判，但没有取得任何结果。

海合会建立后，委托科威特和阿联酋调解阿曼与民主也门的关系。1982年10月27日，阿曼与也门外长在科威特签署《建立正常关系和消除各种争端的协议》，即《科威特原则宣言》。该宣言内容包括：第一，互不干涉内政、互相尊重主权，两国建立正常关系，和平解决两国边界分歧，反对任何有损于两国友好的敌对行为，双方同意由科威特和阿联酋组成技术委员会解决边界问题；第二，双方不允许外国军队利用任何一方领土向他国进行侵略和挑衅；第三，停止敌对宣传；第四，互换外交代表。1983年10月27日，双方同意在互相尊重主权和互不干涉内政的基础上建立大使级外交关系。1985年8月，双方互派常驻大使。

1986年2月，也门民主人民共和国的亚丁市发生政变，新政府上台后有意与阿曼改善关系。1987年1月，两国外长互访并召开部长级会议，扩大双方合作的领域。1988年10月，也门民主人民共和国总统访问阿曼，两国签署了在贸易、工业、司法、伊斯兰教和交通等领域的合同。1990年5月，南、北也门实现统一，阿曼对也门新政府表示祝贺。海湾战争中，也门由于支持伊拉克萨达姆政权而受到各方指责，但阿曼认为这是也门国家安全和国家利益的需要，对也门行为表示理解。1992年，也门和阿曼签署条约，对两国边界做了相关规定，两国关系实现正常化。1993年10月，卡布斯苏丹还到也门参加了边界协议纪念会议。

1994年，也门爆发内战，阿曼严厉谴责北方领导人通过武力解决

第七章 外交

内部争端，卡布斯苏丹还对也门内战展开调解活动，但最后以失败告终。在随后的也门内战中，阿曼抵制了海合会卷入内战的请求。1994年9月，也门新总统萨利赫访问了阿曼。2003年3月21日，也门和阿曼的外交部发表声明，反对以美国为首发动的伊拉克战争，并希望战争能够尽快结束。2007年，阿曼遭受热带风暴袭击，造成了重大灾难，也门总统萨利赫与阿曼苏丹卡布斯通电话时表示，也门准备向阿曼提供一切力所能及的帮助。阿拉伯剧变后，2011年也门内战再次爆发，阿曼继续坚决抵制海合会的干涉活动，呼吁也门各方通过政治谈判的手段解决问题。2015年5月20日，阿曼外交部秘书长巴德尔与俄罗斯总统中东事务特使、俄罗斯外交部副部长米哈伊尔·博格丹诺夫的会谈中，阿曼与俄罗斯一致认为，应在广泛内部对话的基础上，"不受外部破坏性干扰地"解决也门冲突。

在与伊朗的关系方面，伊朗和阿曼同为海湾水域和阿曼海域国家，历史上便有深入的文明交往传统和宗教文化传承，贸易频繁，经济联系紧密；当代以来，两国共同治理霍尔木兹海峡，有着相同的政治利益，两国在保障霍尔木兹海峡安全中发挥着重要而又敏感的作用。从地理位置上看，阿曼与伊朗隔海相望，两国水域相距不超过24海里。阿曼一直认为伊朗是海湾地缘政治安全的必要组成部分，强大而具有悠久历史的伊朗应该是海湾安全主体之一[1]。

1971年，阿曼与伊朗正式建立外交关系。1972年，为了协助阿曼防守霍尔木兹海峡的加纳姆岛和阿拉伯海的库里亚·穆里亚岛，伊朗派出了约600人的军队。阿曼还允许伊朗在霍尔木兹海峡的鲁乌斯·吉巴尔（Ruus al Jibal）地区建立观察哨。1973年和1977年，阿曼卡布斯苏丹与伊朗巴列维国王实现互访，共同商议维护霍尔木兹海峡和海湾安全的具体架构。1973年12月，在卡布斯苏丹的要求下，伊朗派出3 000人的军队协助阿曼政府镇压佐法尔游击队。1979年，伊朗发生了伊斯兰革命，两国关系趋冷。在伊朗与美国危机期间，阿曼持中立态度，希望双方持克制态度，不赞成美国制裁伊朗。

1980年，两伊战争爆发，阿曼实行中立政策，既没有与伊朗断绝

---

[1] Carol J. Riphenburg, Oman: Political Development in a Changing World, London: Praeger Publishers, 1998, p.196.

关系，也没有公开支持伊拉克。两伊战争期间，伊朗的飞机和船只侵入阿曼海域，阿曼基本保持克制和沉默态度。1987年，阿曼外交事务主管大臣阿拉维与伊朗外交部部长阿里·阿克巴尔·韦拉亚提实现互访。1987年9月，阿拉伯各国外长在突尼斯举行会议，目的是谴责伊朗的行为，阿曼拒绝参加该会议。

除了合作外，伊朗与阿曼之间也存在摩擦。其一，伊朗伊斯兰革命后"输出革命"的外交政策令阿曼担心影响其国内稳定。其二，随着伊朗军力的不断增强，阿曼在地区内的"安全剩余"逐渐减少，造成了原则上威胁阿曼的"安全困境"。1983年，伊朗威胁关闭霍尔木兹海峡，不断地侵犯阿曼领海。阿曼迅速做出反应，要求加强海军力量。1993年，伊朗海军不断在阿曼附近进行军事操练，同时伊朗宣布伊斯兰共和国的领土将扩展到阿曼领土。阿曼批评伊朗不愿意接受联合国安理会第598号决议，但反对联合国和国际社会对伊朗实施武器禁运，认为这不利于双方停火。

然而，在合作与摩擦中，两国外交关系基本保持稳定，高级官员也多次实现互访。20世纪80年代，阿曼外交事务主管大臣阿拉维两次访问德黑兰，会见伊朗总统拉夫桑贾尼，商谈伊朗与海合会合作的可能性。1989年11月，伊朗外交部部长韦拉亚提进行了回访，阿曼宣布承认1975年两伊之间的边界协议，这支持了伊朗方面的边界主张。20世纪90年代初，阿曼与伊朗的外交关系取得了较为快速的进展，伊朗海军代表对阿曼进行了友好访问。阿曼也成为伊朗与其他海湾国家，特别是伊朗与沙特阿拉伯和伊拉克改善关系的中间人。随着外交关系的稳定与发展，阿曼对伊朗的经贸关系也逐渐密切起来。1989年初，马斯喀特首次举行伊朗贸易展览会。1990年5月，阿曼石油大臣访问德黑兰，建立部长级合作委员会。伊朗船只进入阿曼海港时，可以享受减少关税的待遇。1993年12月，阿曼皇家海军司令到德黑兰发表声明称，两国将继续保证霍尔木兹海峡的安全。1995年5月，两国签署了文化相互理解的备忘录。

2006年11月，阿曼外交事务主管大臣阿拉维与伊朗外交部部长穆塔基就地区和国际变化以及双边问题交换了看法。2007年5月，阿曼石油公司与伊朗国家石油公司签署了谅解备忘录，阿曼从伊朗日进口液化天然气10亿立方米，此外两家公司还计划联合开发亨加姆-巴哈

第七章　外交

(Hinjam-Bukha)油田位于伊朗领土的部分，谅解备忘录还规定成立一家营销液化天然气的阿曼、伊朗合资公司。2012年伊朗与阿曼达成合作协议，两国军队将"共同保障地区的和平与稳定"，这被评论家们认为是阿曼与伊朗对于封锁霍尔木兹海峡的默契。2014年3月12日，伊朗总统哈桑·鲁哈尼访问阿曼，与卡布斯苏丹就政治、经济等相关问题进行闭门磋商。阿曼新闻社称，两国希望通过鲁哈尼的此次访问，能够提高双边合作水平，从而实现两国人民的友好展望，以及从各个领域造福百姓。此外，在解决伊朗核问题的谈判中，阿曼也一直起到沟通桥梁的作用。

在与埃及的关系方面，卡布斯苏丹政权建立后，埃及是最早与之建交的国家之一。1972年11月，卡布斯苏丹访问埃及。此后，埃及向阿曼提供了技术和文化援助，特别是在教育领域。1978年，阿曼支持埃及与以色列签署《戴维营协议》。1979年埃以和平协议签署以后，除阿曼、苏丹和索马里外，绝大多数阿拉伯国家与埃及断绝了外交关系。1979年3月，阿曼拒绝参加将埃及驱逐出阿盟的会议。

20世纪80年代，卡布斯苏丹和埃及总统穆巴拉克互访频繁。在此期间，双方在如两伊战争、阿以冲突和巴勒斯坦等阿拉伯地区的热点问题上基本达成共识。这不仅说明了两国领导人外交理念颇为一致、私人关系甚好，还体现出两国所处的外交环境与应对政策具有相似性。虽然两伊战争期间卡布斯和穆巴拉克在对伊朗的态度上存在分歧，但两伊战争后，阿曼在埃及和伊朗之间进行斡旋、调解，为缓和两国关系做出了很大的努力。1991年海湾战争后，在阿曼的促和下，1993年5月穆巴拉克访问伊朗。2002年6月22日，在红海旅游胜地沙姆沙伊赫，埃及总统穆巴拉克与卡布斯苏丹举行会谈，双方强调必须打破以色列和巴勒斯坦之间"以暴易暴"的怪圈。2003年5月24日，双方在同一地点一致谴责了在一些阿拉伯国家发生的恐怖事件，并表示坚决反对一切形式的恐怖主义。2004年2月，埃及总统穆巴拉克访问阿曼。2005年，阿曼苏丹卡布斯访问了埃及。2016年7月23日，阿曼卡布斯苏丹向埃及总统致电，祝贺埃及七月革命成功64年，埃及总统塞西随后回电表示谢意，并祝福卡布斯苏丹身体健康，愿两国关系更上一层楼。

在与约旦的关系方面，阿曼与约旦于1972年正式建立外交关系，约旦还在佐法尔战争期间向阿曼提供大量军事援助。20世纪80年代，两国一直维持友好关系。海湾战争期间，约旦由于支持伊拉克入侵科威特而在阿拉伯世界陷入孤立的境地，但阿曼并没有断绝与约旦的外交关系。1992年1月，约旦国王侯赛因访问阿曼，试图通过阿曼修复与其他阿拉伯国家的关系。2000年7月24日，约旦外交大臣哈提卜和到访的阿曼外交事务主管大臣阿拉维表示，双方希望戴维营三方会谈（美国、巴勒斯坦和以色列）能促进中东实现全面和平。2004年1月，约旦首相费萨尔访问阿曼，转交了约旦国王阿卜杜拉二世致卡布斯苏丹的亲笔信。2005年3月，阿卜杜拉二世访问阿曼。两国经济交往的愿望也十分迫切，2007年6月，阿曼国家财政部秘书长在参加与约旦的会谈后对外宣布，阿曼将向约旦出口部分原油。2014年11月19日，阿曼庆祝国庆44周年时，约旦国王阿卜杜拉二世向卡布斯苏丹表示祝贺。2016年5月12日，阿曼民事服务部部长在参加阿拉伯国家行政发展组织会议的时候，与约旦公共发展部部长举行会谈，两国部长在友好的氛围中相互交换意见并签署了一份谅解备忘录。

在与叙利亚的关系方面，从1970年到1987年12月，阿曼只是派代表团对叙利亚做过访问，两国并没有建立外交关系。直到1987年12月两国才正式建交。1990年到1991年的海湾危机和大马士革宣言以后，两国在海湾危机上立场极其一致，外交关系日益接近。1992年4月，叙利亚总统哈菲兹·阿萨德访问阿曼，阿曼内政大臣穆罕默德·哈尔巴于当年10月对叙利亚进行回访，双方在安全、打击毒品犯罪等问题上达成合作协议，两国同意交换安全和警察人员，共享情报服务等项目。此后二十余年来，阿曼与叙利亚外交发展进程平稳。阿曼外交事务主管大臣曾在叙利亚爆发内战后对其进行访问，转达了卡布斯苏丹呼吁各方政治解决相关问题的期望。叙利亚方面也一直称赞2011年以来阿曼坚持外部势力不干涉叙利亚内政的立场。

在与巴勒斯坦的关系方面，在赛义德·泰穆尔统治期间，阿曼与巴解组织之间没有任何关系。卡布斯苏丹上台后，阿曼政府公开支持巴勒斯坦人民的合法权利。但随后因巴解组织支持佐法尔叛乱，二者反目，阿曼拒绝承认巴解组织。佐法尔战争以后，阿曼没有与巴解组织及其领导人阿拉法特进行接触。卡布斯认为巴以冲突与阿曼国家利益关系不大，一直采取一种超然的态度，尽可能置身事外，避免引火

第七章 外交

烧身。阿曼也没有对以色列进行经济禁运，或者将自己与阿拉伯国家拒绝阵线活动联系起来，以免卷入持久的阿以冲突之中。

1988年，巴勒斯坦宣布建国，阿曼宣布承认巴勒斯坦的合法性，两国关系取得了突破性进展。1989年1月，巴解组织主席阿拉法特首次访问阿曼。1990年，阿拉法特再次访问阿曼，感谢卡布斯苏丹对巴勒斯坦事业的支持，阿曼同意在马斯喀特建立巴勒斯坦大使馆。与约旦一样，海湾战争中巴解组织对伊拉克的支持使得自身被孤立起来，但阿曼并没有对巴勒斯坦有任何说辞。阿曼外交事务主管大臣阿拉维说："巴勒斯坦人民对伊拉克的支持，这一做法应该持一种现实主义的态度来看待。"[1]1995年，双方同意在加沙地区建立领事馆。1996年5月，阿曼向巴勒斯坦提供700万美元的援助，帮助巴勒斯坦渡过经济困境。2002年1月20日，阿曼外交事务主管大臣阿拉维在摩洛哥首府拉巴特重申，阿曼将一如既往地支持巴勒斯坦民族权力机构主席阿拉法特和巴勒斯坦人民。阿拉法特的去世并没有影响阿曼对于巴勒斯坦人民正义事业的支持。2011年，阿曼与其他主持正义的国家一道投票赞成巴勒斯坦加入联合国教科文组织，最终巴勒斯坦在历经22年的努力后终于达成愿望。对于以色列方面的武力袭击，2015年8月1日，阿曼外交部发表声明，强烈谴责犹太极端分子纵火袭击巴勒斯坦村庄并造成一名幼儿死亡的"令人发指和惨无人道的罪行"。阿曼还呼吁国际社会采取一切必要措施保护巴勒斯坦人民。以色列当局应将犯罪分子绳之以法，并令其承担全部责任。

在与伊拉克的关系方面，伊拉克在20世纪80年代以前一直为阿曼反政府武装训练游击队、供给武器。1971年，伊拉克反对阿曼加入阿盟[2]。1976年佐法尔战争结束后，伊拉克和阿曼正式建立外交关系。1981年，在安曼举行的阿盟峰会上，卡布斯苏丹会见伊拉克总统萨达姆，萨达姆同意断绝对佐法尔叛军的支持。两伊战争爆发后，伊拉克试图团结阿拉伯世界，并将阿曼作为团结的重点对象。阿曼在两伊战争中实行中立的外交政策。1982年，阿曼象征性地为伊拉克提供1 000万

---

[1] Minister Forsees, "Long Period of Gulf Stability", Oman Daily Observer, 3 March 1991, pp.1-2.

[2] Carol J. Riphenburg, Oman: Political Development in a Changing World, London: Praeger Publishers, 1998, p.207.

美元的军事援助,随后两国又建立经济和技术合作的联合委员会①。1990年1月,阿曼负责安全和国防的副首相访问伊拉克。

1990年8月,伊拉克入侵科威特后,阿曼的立场与国际社会保持一致,公开反对伊拉克的侵略行为。卡布斯苏丹认为伊拉克入侵科威特为国际社会树立了一个危险的先例,是对联合国权威的直接挑战,并强烈要求伊拉克政府执行联合国决议,从科威特撤军。随后,阿曼撤走驻科威特大使馆。在英美联军解放科威特后,阿曼军队加入半岛防护部队,但并没有断绝与伊拉克的外交关系。此后,阿曼积极为伊拉克重回阿拉伯世界和海湾共同体而奔走,呼吁伊拉克与联合国和国际社会合作。1995年6月,阿曼外交事务主管大臣阿拉维发表声明:"伊拉克的根本利益在于与联合国特别委员会进行合作,因为只有特委会宣布伊拉克没有大规模杀伤性武器,禁运才能够解除。事实证明,伊拉克政府在某些领域还没有完全合作。"②

伊拉克战争以后,阿曼支持伊拉克保持领土完整、尊重新政府的合法地位,支持伊拉克人民渴望稳定、自由选举政府和自行解决其政治事务的权利。阿曼欢迎伊拉克在联合国安理会第1546号决议的基础上建立临时政府。阿曼欢迎美国政府将主权移交给伊拉克临时政府,并希望能建立一个独立而稳定的伊拉克。阿曼政府认为伊拉克的重建离不开国际社会的支持,联合国应该在政治进程和伊拉克重建中发挥其至关重要的作用。阿曼政府还强调了如果伊拉克想保持领土完整以及独立性,就必须避免国内的教派纷争。此后,阿曼在伊拉克重建和打击极端宗教恐怖主义势力等一系列事件中均给予伊拉克以支持。2015年12月,阿曼内阁首相赛义德会见伊拉克农业部部长哈桑·扎丹,扎丹与赛义德首相商讨了发展经贸等问题,尤其是对伊拉克农业和渔业的投资问题,并对阿曼一直以来支持伊拉克的政策立场表示感谢。

在与以色列的关系方面,1991年海湾战争和马德里和平会议之后,阿曼与以色列开始有了外交接触。1993年,阿曼在联合国多边会议上担任主持国,以色列也派代表参加。这次会议使阿曼与以色列开

---

① C. H. Allen and W. L. Rigsbee Ⅱ, Oman Under Qaboos: From Coup to Constitution, 1970—1996, London: Frank Cass, 2000, p.205.

② C. H. Allen and W. L. Rigsbee Ⅱ, Oman Under Qaboos: From Coup to Constitution, 1970—1996, London: Frank Cass, 2000, p.205.

始第一次接触,成为两国关系解冻的破冰之旅,此后两国外交关系得到进一步发展。1994年12月27日,以色列总理拉宾对阿曼进行了为期一天的访问,并与卡布斯苏丹举行会谈,这一事件标志着阿曼与以色列恢复外交的意图与决心。1995年,以色列外交部部长西蒙·佩雷斯和阿曼外交事务主管大臣阿拉维举行会谈。1995年6月,阿拉维会见佩雷斯时承认以色列是一个国家。1995年9月,阿曼与以色列的外交议题从政治扩展到贸易等领域,构成了两国正式关系的基础。1996年4月,以色列总理佩雷斯访问阿曼,双方的关系进一步增进。但对于重大原则性问题,阿曼政府立场坚定,经常谴责以色列的野蛮行径。2001年8月27日,阿曼外交事务主管大臣阿拉维敦促以色列立即停止一切侵犯巴勒斯坦人民权利的行径,重新回到谈判桌旁。同年11月27日,在阿曼首都马斯喀特举行的一次海湾国家外长会议上,阿曼外交事务主管大臣阿拉维称,"以色列政府的政策是中东和平与稳定的最大威胁"。2006年,阿曼和海合会对以色列野蛮袭击加沙北海岸无辜平民事件进行了严厉的谴责。2015年8月,阿曼强烈谴责犹太极端分子纵火袭击巴勒斯坦村庄。

在与利比亚、阿尔及利亚、摩洛哥、突尼斯的关系方面,总体而言,阿曼与北非国家的外交关系风平浪静,没有过于深入的外交往来。由于卡扎菲支持佐法尔游击队,阿曼与利比亚两国关系十分冷淡。阿拉伯剧变以及卡扎菲政权倒台后,阿曼积极向利比亚提供人道主义援助,并于2016年3月为利比亚制宪委员会成员讨论宪法草案提供会议场地[1]。阿曼和阿尔及利亚的关系一直较为平淡,1994年7月阿曼驻阿尔及利亚大使被绑架,10天以后伊斯兰武装组织将其释放。这一事件主要是阿尔及利亚国内政治斗争的结果,而不是阿曼外交政策的失误。摩洛哥和阿曼有些联系,两国国情有许多相似之处,如君主制、亲西方外交和温和的政治治理政策,特别是在阿以冲突问题上的一致性。1993年,摩洛哥向阿曼提供考古资金援助,恢复阿曼的历史遗迹和纪念碑。1995年摩洛哥与阿曼签订了技术和经济协议,以增强双方的合作。突尼斯与阿曼的合作开始于20世纪80年代,主要集中在教育领域。突尼斯每年向阿曼提供1 300名初、高中教师。

---

[1] 国际日报网,http://www.chinesetoday.com/zh/article/1093167。

四、与西方国家的关系

在与英国的关系方面,历史上阿曼与英国存在一种特殊的关系。英国于18世纪便在阿曼建立基地。未开采石油前,阿曼只能依靠出口椰枣和渔产品获取少量收入,因此政府财政困难,只能依靠英国政府的津贴维持运转。在此时期,英国人位居阿曼政府和军队的上层,普遍担任高级官员,实际上已经控制了阿曼政府,连苏丹的即位和退位都必须得到英国人的承认。1970年,卡布斯苏丹所发动的政变也是在英国人的帮助下才得以成功。阿曼独立后,英国一直将阿曼视为维护自己在印度洋霸权地位的战略前哨,排斥其他西方大国染指该地区。卡布斯苏丹也强调巩固同英国的"传统友谊"。1973年,英国国防大臣和外交大臣先后访问阿曼,承诺增加对阿曼的技术援助。1979年和1981年,英国女王和首相先后访问阿曼,表示加强与阿曼合作的必要性。1982年,英国和阿曼提出"历史友谊"和"特殊关系"。1982年6月,双方在马斯喀特签署谅解备忘录,建立委员会和政府间大臣级定期磋商制度。

英国是阿曼的主要贸易对象,双方的经济合作成为新时期两国关系的亮点。1988年,双边贸易额为1.21亿阿曼里亚尔,占阿曼进口的13%、出口的5.8%。1983年,英国向阿曼提供3.6亿美元贷款。1982年,阿曼同英国签署了由英国承担的价值5.2亿美元的卡布斯大学建设工程等项目合同。英荷壳牌石油公司在阿曼石油开发公司中占有34%的股份。1986年,英国向阿曼提供水利和下水道研究计划。1987年,英国外交大臣提姆·兰顿抵达阿曼,向阿曼提供了卫生健康、教育、农业、渔业和水利保护等方面的援助,每年约30万英镑。1989年,阿曼和英国建立经济合作代理处[①]。2006年,阿曼皇家武装部队参谋长访问英国。2007年1月23日,英国石油公司与阿曼政府签署协议,将在阿曼中部开发哈赞和马卡拉姆两处主要的天然气田,预计可产出天然气约30万亿立方米。2013年,英国石油公司开发阿曼致密天然气项目,并投资160亿美元,这也成为英国石油公司在2017年以前所投资的最大的项目之一。

在与美国的关系方面,1832年,阿曼与美国开始有了外交接触,

---

① 杨翠柏:《卡布斯苏丹时期的阿曼研究》,西北大学博士论文,1996年,第49页。

两国于当年签订了《友好通商条约》，允许美国在阿曼投资和贸易，美国舰船可在阿曼港口停泊。1837年，英国在阿曼设立了领事馆。1840年，阿曼向美国派驻外交使节。1843年，阿曼在美国设立了领事馆，同时成为第一个与美国建交的阿拉伯国家。1958年12月，两国签订了《友好、经济关系和领事权条约》。卡布斯执政后，两国关系进一步发展。1972年，两国外交关系升格为大使级，并互派了大使。随后，美国通过美国-阿曼联合委员会以及国际组织与阿曼进行经济和技术合作，双方的合作领域包括英语教育、农业和渔业、乡村医疗等共计35个项目。佐法尔战争期间，美国向阿曼提供了价值200万美元的援助项目。1980年8月，双方正式签订协议，建立联合经济委员会和常设工作小组，美国每年向阿曼提供500万~1 500万美元的援助。1988年，美国的阿曼援助代理处筹资3 770万美元在阿曼全国建立了91所小学。1983年至1989年的七年间，美国共向阿曼提供了3 190万美元奖学金，同期还有1 300万美元的渔业发展项目。1989年，美国又投资4 250万美元支持改善阿曼的水资源利用。

但是，以上合作与援助主要停留在教育、基础设施等领域。1979年12月，伊朗伊斯兰革命成功、苏联入侵阿富汗后，阿曼与美国才真正展开政治与军事方面的合作。1980年6月，两国签署了《通路协议》，美国可以进入阿曼的军事设施和军事基地，同时美国提供武器销售和军事训练。"9·11"事件后，阿曼谴责了恐怖主义，对美国所遭受的恐怖主义袭击表示同情，同时对遇难者表示哀悼。随后，阿曼新闻大臣表示，阿曼政府将支持任何"剪除恐怖主义根源的行动"，但是阿曼反对美国反恐扩大化。2001年10月11日，阿曼外交事务主管大臣阿拉维发表声明，希望美国不要将阿富汗战争扩大到其他国家或地区，打击国际恐怖主义不仅需要采取军事手段，还必须采取政治手段。

2004年4月，阿曼外交事务主管大臣阿拉维访问美国，分别会见了美国副总统、国务卿和国防部部长。同年10月，美国中央司令部司令约翰·阿布扎伊德上将访问阿曼。2005年11月，美国助理国务卿格雷访问阿曼。12月美国副总统切尼、中央司令部司令阿布扎伊德访问阿曼。2006年4月，美国军控和安全事务副国务卿罗伯特·约瑟夫访问阿曼。阿曼外交事务主管大臣阿拉维访问美国。

进入21世纪以来，两国的经济交往登上一个新台阶。2004年，美国对阿曼的货物贸易出口达3.3亿美元。2005年，两国双边贸易额超过了10亿美元，并对签署《美国-阿曼自由贸易协定》达成共识。2006年1月19日，美国贸易代表波特曼和阿曼商工大臣马格布勒·本·阿里·本·苏尔坦签署了《美国-阿曼自由贸易协定》，该协定的签署消除了美国和阿曼之间的关税和贸易壁垒，扩大了两国之间的贸易往来。阿曼也成为第五个与美国签署自由贸易协定的中东国家。该协定的签署也为美国的机械、汽车、医疗设备、电子机械和农产品（如植物油、糖类产品、甜食和饮料）提供了更多的出口机会。2006年6月29日，美国参议院以60票同意、34票反对通过了《美国-阿曼自由贸易协定》的实施议案。同年9月26日，美国总统布什正式签署了美国与阿曼之间的自由贸易协定。该协定原本预期进一步对美国开放阿曼的农产品、工业品和服务市场，且对所有双边工业产品和消费品进行免税。阿曼将立即对美国出口的87%的农产品实施零关税，其余关税也将在10年内逐步减免。美国则将立即对阿曼出口的农产品全部免税。然而，美国次贷危机爆发导致其经济规模大幅缩水，各项经济发展指标一落千丈，该自由贸易协定也不能促进增长乏力的美国经济。根据阿曼央行2011年的统计数据，2010年美国对阿曼的出口下降了15.4%，降幅明显。与此同时，中国、印度等新兴经济体经济增速明显。在石油出口方面，中国稳居阿曼第一大石油出口国位置。

在与日本的关系方面，日本国土面积有限，矿产贫瘠，需要阿曼的石油和天然气，阿曼也从日本获得石油收入和其他投资，因此两国的关系主要体现在经贸领域。1979年后，阿曼成为日本产品的第三大销售国，同时阿曼石油产量的一半出口日本。1989年，日本通过进出口银行向阿曼提供1.93亿美元的贷款，用于阿曼1986年至1990年的经济发展项目。

受海湾战争影响，日本认为其中东能源供给安全问题变得越发严峻。1990年，日本首相访问阿曼，希望两国进一步加强能源领域的合作。1993年11月，阿曼液化天然气公司与日本签署了购买阿曼炼制公司设备的合同，价值为3 600万美元。1993年，阿曼又拨出18亿美元给日本政府，为阿曼设计工业化计划。2004财政年度，日本进口阿曼原油4 080万桶，仅占日本原油总进口量的2.7%。由于2006年阿曼新炼厂投入生产，阿曼政府从2006年1月起对日本直接购买阿曼原油数量下调20%。2010年，日本从阿曼进口原油数量占阿曼原油产量的14.1%，仅次于中国，居第二位。2013年1—10月，日本从阿曼进口原油2 470万桶。

在与法国的关系方面，阿曼与法国早在1800年便有了外交往来，但由于经贸关系并不紧密及20世纪初国际时局的变化，两国关系一度趋冷。1970年卡布斯苏丹执政后，阿曼与法国的关系逐渐得到缓和，且主要涉及经济领域的交往。1983年，阿曼-法国联合委员会成立，阿曼从法国武器制造商手里购买了"飞鱼"导弹和"超级美洲狮"直升机。1989年5月，卡布斯苏丹访问巴黎，签署了军事合作协议，双方讨论的话题包括石油、电信和农业等经济问题。随后，法国汤姆逊半导体公司（Thomson-CSF）与阿曼政府签订了一笔6 700万美元的合同，改进阿曼的电视网络。1992年1月，法国总统密特朗率领包括国防部部长、工业和贸易部部长、交通部部长、航海事务部部长的代表团访问阿曼。1994年10月，阿曼-法国联合委员会签署协议，保护法国在阿曼的投资。1995年6月，法国道达尔公司（Total）增加了其在阿曼石油公司的股份。2004年1月，法国外交部部长德维尔潘访问阿曼，并向卡布斯苏丹转交了法国总统希拉克的亲笔信。同年4月和次年12月，法国国防部部长米歇尔·阿里奥-玛丽两度访问阿曼。2008年，阿曼政府与法国兴业银行签署协议，将马斯喀特银行7.8%的股份出售给阿曼政府。2013年12月12日，法国道达尔公司与阿曼签署在深水区石油勘探潜力的深水钻井作业协议，但是2015年4月13日，道达尔公司宣布在该海域未能发现商业潜力，退出勘探。2015年7月，道达尔公司与其他公司联合为阿曼建设了一座大型太阳能电站，用于提供钻油动力。

五、与中国的关系[①]

中国同阿曼的交往源远流长，阿曼是古代海上丝绸之路上的重要国家。古代阿拉伯商人将产自阿曼的乳香等运往中国，丝绸之路因此又被称为"香料之路"。公元7世纪，阿曼著名航海家阿布·欧拜德·卡塞姆（《一千零一夜》中辛巴达的原型）从阿曼港口城市苏哈尔出

---

① 本小节主要参考中国驻阿曼苏丹国大使馆关于双边关系的介绍，http://om.chineseembassy.org/chn/zagx/sbwl/。

发，驾驶木帆船成功航行至中国广州，成为载入中国史书的第一位阿拉伯人。公元15世纪，明代航海家郑和率船队三次到访阿曼。

1978年5月25日，中国同阿曼建交。建交后，两国关系发展顺利，各领域合作不断拓宽。首先，两国高层交往密切。近年来，中国全国政协主席贾庆林、国务院副总理张高丽、全国人大常委会副委员长韩启德、宁夏回族自治区党委书记李建华等访问阿曼。阿曼国家委员会主席蒙泽里、国家委员会副主席萨伊德、外交事务主管大臣阿拉维、法务大臣赛义迪、杜格姆经济特区管委会主任贾比利等也先后访问中国。

其次，两国经贸合作发展顺利。中国现已是阿曼第一大贸易伙伴和第一大原油出口对象国，阿曼是中国在西亚北非地区的第四大贸易伙伴和全球第四大原油进口来源国。2014年中阿双边贸易额为258.6亿美元，其中中方出口为20.7亿美元，进口为237.9亿美元，分别同比增长12.7%、8.6%和13.1%。中方出口主要为机电产品、钢铁及其制品、高新技术产品、纺织品等；进口主要为原油。2014年，中方从阿曼进口原油2 987万吨，同比增长17.3%。

在区域合作与战略对接方面，阿方支持中方提出的"一带一路"倡议，于2014年8月正式宣布成为亚洲基础设施投资银行意向创始成员国，是第一批宣布加入亚投行的国家。中国招商局集团同阿曼国家公共储备基金及坦桑尼亚政府三方合作建设的坦桑尼亚巴加莫约港于2015年11月动工。

两国其他领域交往也发展顺利。2008年4月，北京奥运会火炬在阿曼首都马斯喀特成功传递，马斯喀特成为北京奥运火炬境外传递中唯一的阿拉伯国家城市。汶川特大地震发生后，阿曼政府向中国提供大量物资援助并在四川广元市建设"阿曼援建村"。2009年6月起，中国在索马里海域执行护航任务的海军护航编队多次在阿曼萨拉拉港实施综合补给、人员休整，阿方提供了大力协助。

2018年5月15日，阿曼外交事务主管大臣阿拉维访华，与国务委员兼外交部部长王毅会谈后，双方共同签署了《中华人民共和国政府与阿曼苏丹国政府关于共同推进丝绸之路经济带与21世纪海上丝绸之路建设的谅解备忘录》。

2018年5月25日，中阿建交四十周年之际，习近平主席与卡布斯苏丹互致贺电，共同宣布建立中阿战略伙伴关系。

第八章 经济

第一节 概述

产出石油前的阿曼,经济活动以传统采集业和手工制造业为主,包括采珠业、渔业、造船业、农牧业和转口贸易等。20世纪20年代以前,位于海湾诸国附近的采珠场年产珍珠约占世界总产量的一半,采珠业也一直是海湾各国最重要的收入来源之一。20世纪20年代后,日本的人工养殖珍珠迅速打入国际市场,导致珍珠价格大幅下挫,海湾诸国的采珠业逐渐萧条起来。虽然1967年起阿曼石油已经开始出口,但是石油收入没有用于发展国民经济。直到20世纪70年代初,阿曼还没有建成现代化的非石油工业体系,传统手工业也继承了小作坊式的生产方式,农业和渔业水平更是极其落后,1970年的国民生产总值仅3亿美元,人均100多美元。阿曼当时的经济状况基本上与数百年前无异,被列入世界上最贫困的国家之一。当卡布斯苏丹自1970年执政以来,依托石油经济的强大支撑,阿曼才开始利用石油收入大踏步地推进经济发展。

阿曼的基本经济政策集中体现于1996年颁布的《国家基本法》及2011年的基本法修正案之中,法律规定:阿曼国民经济的基础是公正和自由经济的原则,主体是国营企业与私营企业之间的合作,目标是实现经济与社会发展,按照国家的总体规划并在法律的范围之内,促进生产力发展,提高公民的生活水平。阿曼当前的经济发展主要遵循三个基本原则:一是建立一个能够自我调节的、开放的、多样化的经济体系；二是推动建立有竞争力的高效私营部门，推进经济私有化和实行自由市场经济政策；三是开发人力资源，不断提高人力资源的质量和技术能力，使人力资源成为国家发展源源不断的动力。

石油作为一种"工业血液"，已经成为阿曼的"经济骨髓"，过于严重地依赖石油收入导致阿曼经济受国际油价市场波动影响明显。2014年阿曼政府收入的72.3%、国民生产总值的47%和商品出口总量的65.5%由石油和天然气行业构成[1]。为了避免脆弱的经济体系和国家发展不稳定，打破单一依赖石油经济的格局，阿曼实行了以石油出口带动经济多样化和整个国民经济发展的战略。阿曼从第三个五年计划（1986—1990）起就提出了"国民经济来源多元化"的发展目标，并采取了调整产业结构、吸引外资、增加收入和促进就业，加速推进产业多元化，重点发展农业、渔业、中小企业和开发其他矿产资源。经济私有化、就业阿曼化等措施，并且取得了显著的成就。在20世纪80年代和90年代初，阿曼政府向国内和国际公司提供优惠政策，鼓励其在阿曼的工业园区开办工厂，将经济多元化的目标集中在制造业领域。自从阿曼发现大量的天然气储量后，其经济政策更多转向开发天然气资源及其相关的工业。

为了实现经济的可持续发展，阿曼政府加大了改革力度，加速推进产业多元化、经济私有化、就业阿曼化进程，取得了一些成就。但阿曼非石油产业占国民生产总值的比重并没有实质性的改变，由1990年的54%上升到2002年的57%，又下降到2014年的53%。财政预算中石油收入占预算总收入的比例从2002年的73.1%、2003年的71%下降到2004年的56.5%，又上升到2015年的79%，约合91亿阿曼里亚尔[2]。石油收入占国家收入比重的变化，深刻说明了阿曼的经济多元化之路并没有打下坚实的基础，非石油部门在经济中的作用仍然弱小，未来的经济发展道路仍然任重道远。

私有化是经济多元化政策以外的阿曼经济的另一项重要政策。阿曼政府在2000年加入世界贸易组织后意识到，要想在国际上赢得竞争，只有通过对外开放和提高私营部门的竞争力。因此政府鼓励私营

---

[1] Sultanate of Oman Ministry of Information, Oman 2015, pp.258-259.

[2] Sultanate of Oman Ministry of Information, Oman 2015, p.258；《阿曼苏丹国2004—2005》，阿曼新闻部，第88页。

企业参与各经济领域的建设。政府实行了一系列私有化政策，包括出售政府控股的企业给私营企业，将公共部门的作用限制在私营企业无法完成的活动范围。20世纪末，阿曼政府在重要部门已经开始了私有化进程，涉及能源、水利、电信等领域。

为了合理统筹谋划未来的经济发展方向，阿曼政府制定了"阿曼2040展望"，旨在保证民众在一系列的发展项目中获得更大的实惠，并促进国家经济多元化的发展。新的展望计划寻求扩大民众就业机会，最大化夯实经济部门的发展基础，尤其是国家机场、海港、工业园区的建设和可利用资源的开发。在"阿曼2040展望"的目标中，实现国家财政收入多元化并创造更多的"自主创业项目"是平衡国家不同经济部门及省份发展需求的重要手段。

自从"阿曼2040展望"委员会于2013年成立以来，该委员会召开了数次会议商讨国家未来经济发展及民众需求，对当前国家经济及社会现状做出具体分析，谋划未来20年的国家计划执行与社会经济发展。"阿曼2040展望"委员会在会议中提出，需要加强国家政治参与及经济合作，并在第九个五年计划（2016—2020）前半期加以实施，同时对不同群体所关心和讨论的问题进行研讨。该委员会还提出，"阿曼2040展望"计划建立各个政府部门之间战略合作机制，并以不同社会群体间的互动为基础，确保各地方和群体的利益与"阿曼2040展望"相兼容。"阿曼2040展望"委员会还认同当前"阿曼2020展望"的评估报告，并将其作为实现未来国家经济利益的重要组成部分。

除此之外，阿曼还推行了五年发展计划，并取得了较为显著的成果。刚刚完成的阿曼第八个五年计划自2011年起开始实施，2015年截止[①]。在基础设施建设领域：阿曼增建并完成了艾达姆—塞姆伊特公路项目、苏哈尔—布赖米铁路项目、杜格姆工业捕鱼项目、陆耶新城建设项目、杜格姆贸易港口内的基础设施建设项目、渔业养殖设施项目、马斯喀特排水网项目、马斯喀特四星会议中心和展馆项目、马斯喀特—苏哈尔石油管道项目、里瓦地区的工业塑料项目、炼油和石化项目等。

市政及水利领域：建设阿曼文化中心项目；穆桑纳（Musunah）地区体育场建设项目；在萨马伊尔（Samael）地区兴建水网工程；在

---

① 中华人民共和国驻阿曼苏丹国大使馆经济商务参赞处，http://om.mofcom.gov.cn。

苏维克（Suwaiq）和穆得海比（Al Mudhaibi）地区建设污水处理厂和管网项目；在马斯喀特和萨拉拉实施污水处理项目；在伊卜里（Ibri）和苏尔（Sur）地区实施地下水坝项目。

医疗、教育领域：在贾兰、摩霍特等地建设了中心医院，并在一些省份建立了健康中心；建设28所学校，以适应不断增加的需求和必要的搬迁。

农业渔业及旅游业领域：在哈拉尼亚特（Al Halaniat）岛的施韦米亚赫（Al Shwimiah）建设渔港并实施各种农业计划；在苏尔地区建立海事博物馆项目；为阿曼旅游发展公司实施各种旅游项目；开发旅游经济，建设一批三到五星级饭店。

2016年1月1日，卡布斯苏丹签署第1/2016号皇家谕令，批准第九个五年发展计划，并开始正式实施该计划。阿曼"九五"计划聚焦经济多元化战略，提升农业、工业、旅游业、渔业和矿业等部门未来对国内生产总值的贡献力度，在给阿曼人创造更多新就业机会的基础上拓展国家经济产能。第九个五年计划对于发展阿曼人力资源项目进行大量投资，重点在于教育、培训和提供国民就业项目。对于社会、文化、历史遗产、地区发展、财政可持续性领域，将继续视其为重点，并以互动实践的新手段激发规划进程，包括广泛的共同体参与和保证教育体系的毕业生符合劳动市场对知识和技能的需求。这些需求将更紧密地与劳动政策和经济多元化战略相结合，同时加强私营经济在国家发展中的作用[1]。

阿曼最高规划委员会秘书长苏尔坦·本·萨利姆·哈伯斯向阿曼官方报纸《阿曼报》表示，规划总体目标是未来5年实现国内生产总值达到3%的年均增长率，规划核心目标是实现真正意义上的经济多元化，同时，确保安全稳定的通货膨胀率，促进私有企业发挥效用，使投资在国内生产总值中所占的比重达到28%[2]。此外，阿曼政府希望到"九五"计划末期将石油和天然气产业在国内生产总值中的比重由"八五"计划（2011—2015）期间的44%和3.6%分别下降到26%和2.4%[3]。

---

① Sultanate of Oman Ministry of Information, Oman 2015, pp.257-258.
② 中华人民共和国驻阿曼苏丹国大使馆经济商务参赞处，http://om.mofcom.gov.cn。
③ 中华人民共和国驻阿曼苏丹国大使馆，http://om.chineseembassy.org。

自20世纪70年代起连续实施的八个五年计划推动了阿曼经济快速发展。阿曼虽然实施了一系列五年发展计划，但经济结构仍不成熟，对石油依赖严重，经济受国际石油价格波动的影响很大。2015年第一季度由于全球油价下跌，阿曼国民生产总值为负增长，同比2014年损失9亿阿曼里亚尔，预算赤字达25亿阿曼里亚尔[①]。为了减轻经济对石油的依赖，阿曼政府一方面开源节流寻找新的油源，另一方面加快炼油业的发展，减少对成品油的进口。实施经济多样化政策以来，阿曼把经济发展的重心放在非石油制造业上，自发现大量的天然气储量后，经济多元化的重点就集中在天然气行业。阿曼是阿拉伯半岛上较早采取措施减少国家经济对石油的依赖，发展多样化经济并取得明显效果的国家。

第二节　农业

阿曼的水土资源条件较其他海湾国家好，因此有实现农业发展的愿望。在阿曼第三个五年计划（1986—1990）期间，计划采取措施提高农、牧、渔业的生产技术水平，开垦更多荒地，并开发新的水源和修复法拉吉灌溉系统等。阿曼政府的农业政策主要围绕着"自给自足"展开，并在1988年提出了"农业是经济发展的首要任务"的口号，该年也被定为阿曼的"农业年"。此外，为鼓励对农业的投资，政府制定了一系列鼓励政策：对主要经营农业和农产品的公司实行5年免税；对进口农产品征收保护性关税以保护本国农业，如干酸橙（税率为100%）、椰枣（税率为20%）、香蕉（税率为25%）。

阿曼发展农业注重科技含量的提高，近年来政府建立了许多农业研究站、农业服务和农业研究中心。农业研究站帮助阿曼农民保护庄稼，提高农产品的质量和数量。政府通过农业研究中心为农业的发展提供了许多便利条件，包括财政优惠和其他服务，如用飞机为庄稼洒药、发放农药和高质量的种子、建设模范农场、引进先进的灌溉系统以节约宝贵的水资源等。

阿曼现有两个农业研究中心，一个是对农作物种植技术的研究，

---

① Sultanate of Oman Ministry of Information, Oman 2015, pp.257-258.

另一个是进行实验室植物保护研究。农业研究站开展农业科学研究，如提高农业生产力、防治虫害等，就农民遇到的相关问题给予指导和建议，如昆虫群袭、基因改进计划、改进柑橘生产等涉及众多领域的各种问题。阿曼还与日本国际合作公司合作，在未开垦的土地上种植红树林，种植面积从2000年4月的600公顷增加到2004年的1 000公顷。阿曼为培养农业科技人才还兴办了卡布斯苏丹大学农学院和农业专科学校。每名中专毕业生回乡可分得2公顷土地。

2014年，阿曼农业全部产量为151.5万吨，相比于2013年148.4万吨增长了2%；其中蔬菜种植产业扩大了耕种面积，并引进了现代先进技术，使2014年产量增至33.5万吨，比2013年的31.3万吨增长了7%。根据2004年至2005年的统计记录，阿曼可耕种的小块土地为32.4万费丹（1费丹等于1.038英亩），2013年至2014年的农业统计调查显示，可耕种的小块土地增加到35.5万费丹，增长了9%左右。2004年至2014年，阿曼拥有土地家庭的农民数量由15.4万人增加到23.7万人；家中没有土地的专职农民从15 213人增加到18 522人[1]。该数据显示，阿曼的农业人口和土地耕种面积有较大幅度的增长，但仍属于粗放经营的生产方式，且无土地农民的增多一方面有利于阿曼资本主义工业化生产方式的集约型农业发展，另一方面也给社会造成了一定的不稳定因素。

阿曼农业与渔业部当前加快落实"阿曼2040展望"的农业部门发展战略，并与联合国粮农组织（UNFAO）开展合作，目标是在广泛意义上保证食品安全，减少水果和蔬菜的进口，并鼓励民众在相关部门工作，提高农业产量并促进经济收益。

第三节　工业

一、石油工业

阿曼的石油勘探始于20世纪20年代，1962年开采出第一口油井，1967年开始生产石油，同年8月开始向国外出口原油。这一过程

---

[1] Sultanate of Oman Ministry of Information, Oman 2015, p.285.

与英国及其他西方势力的石油经济活动是分不开的。过去几十年来，阿曼的原油累计开采量约为70亿~80亿桶。2012年4月1日，阿曼石油和天然气大臣穆罕默德·本·哈马德·鲁姆希表示，该国石油资源目前只开发利用了16%。然而，阿曼的石油资源较其他海湾国家不算丰富，根据2015年12月美国《油气杂志》统计，阿曼已探明石油储量为7.24亿吨，世界排名第二十二位；石油年产量为4 905万吨，世界排名第十九位[1]。阿曼石油资源主要分布在北部和中部的陆上地区，由资源条件复杂、特点各异的小油田群组成[2]。

阿曼共有5家石油生产公司，分别为阿曼石油开发公司（PDO）、阿曼杰帕克斯公司、阿曼西方公司、阿曼努维斯公司和阿曼艾利夫公司。其中，阿曼石油开发公司是阿曼最大的石油公司，也是海湾地区最大的石油公司之一。该公司的石油生产和出口总额占整个阿曼的94%，并拥有97个油田。阿曼石油开发公司于1980年完成国有化，阿曼政府控股60%，其他股东分别为：壳牌公司占34%，道达尔公司占4%，葡萄牙合资开采公司（Partex）占2%。但是在技术方面，阿曼石油开发公司严重依赖壳牌公司，从而使壳牌控制着阿曼大部分的油田。

在原油处理方面，阿曼的第一家炼油厂于1982年建立于法哈尔港，投资额为4 300万阿曼里亚尔（约合1.2亿美元），阿曼政府占99%的资本，阿曼中央银行占1%。该厂可以将原油处理为航空汽油、普通汽油、高级汽油和柴油等，主要供本国使用。法哈尔炼油厂的成立使阿曼告别了成品油完全依赖进口的时代。阿曼炼油厂最初成品油产量为5万桶/日，2005年达8.5万桶/日[3]。部分扩建后阿曼炼油厂的产量增加到16万桶/日。此后，阿曼又兴建了苏哈尔炼油厂，并于2007年将其与阿曼炼油厂正式合并，更名为阿曼石化公司。现在，阿曼炼油能力达到单日22.2万桶[4]。2014年，法哈尔港炼油厂产量为3 600万桶，苏哈尔炼油厂产量则为4 570万桶[5]。

---

[1] 《当代石油石化》，2016年第1期，第46页。
[2] 中国化工报："阿曼：不该被忽视的油气大国"，http://www.ccin.com.cn/ccin/news/2014/02/20/288199.shtml。
[3] 《阿曼2005—2006》，阿曼新闻部，第146页。
[4] 中国化工报："阿曼：不该被忽视的油气大国"，http://www.ccin.com.cn/ccin/news/2014/02/20/288199.shtml。
[5] Sultanate of Oman Ministry of Information, Oman 2015, p.269.

虽然阿曼是海湾产油国家，但其既不是石油输出国组织（OPEC）的成员，也不是阿拉伯国家石油输出国组织（OAPEC）的成员。这使其拥有不遵守OPEC在生产配额、石油价格和石油税收政策的自由，但阿曼支持OPEC的限产保价政策，根据本国的实际情况，参考OPEC提减价幅度，自主地调整原油价格和产量。

阿曼原油主要出口日本、韩国、泰国、中国。2003年起中国取代日本成为阿曼石油最主要的进口国。2013年阿曼原油的59.4%出口中国。2013年阿曼石油主要出口目的地如表8-1所示。

表8-1 2013年阿曼石油主要出口目的地[1]

国家或地区	数量（单位：万桶/日）
中国大陆	38.28
日本	10.44
中国台湾	9.13
新加坡	5.44
泰国	5.19
韩国	2.98
新西兰	1.64
印度	1.42
美国	0.55
其他	1.38

二、天然气工业

为了摆脱经济单一化的经济模式，除石油工业外，阿曼还加强对中东部地区天然气的开发和利用。同时，阿曼政府将以天然气为基础的苏哈尔工业区内的工业项目和通往萨拉拉和苏哈尔的天然气管线定位为阿曼经济多元化重点产业之一。根据2007年的英国世界能源统计数据，2006年阿曼已探明的天然气储量约为1万亿立方米[2]。2008年1月，美国中央情报局资料显示，阿曼已探明天然气储量为8 495亿立方米。2015年年底，美国《油气杂志》统计，阿曼天然气储量为6 866亿立方米，世界排名第二十九位[3]。这组数据意味着，在不能勘探出新天

---

[1] Muhammad S. Olimat, China and the Middle East Since World War Ⅱ, Lexington Books, 2014, p.165.

[2] EIU, "Country Profile 2008—Oman", p.30.

[3] 《当代石油石化》，2016年第1期，第46页。

然气田的背景下,如维持现有产量,阿曼的天然气资源将在20年内枯竭。

作为近些年来国家工业最有前景的部门,天然气部门在阿曼国民经济中的地位和收入不断上升,且阿曼的天然气收入全部归国家支配。1988年,阿曼国家天然气公司的收入为64.9万阿曼里亚尔,比1987年高17.5%;1991年的收入为4 400万阿曼里亚尔,主要用于勘探和开发新气田;1992年阿曼的天然气收入达到6 310万阿曼里亚尔;1993年和1994年的收入有所下降,分别为5 790万和5 250万阿曼里亚尔;2005年度天然气收入总额达到2.73亿阿曼里亚尔,占2005年度预算总收入的9%[1]。2014年度,阿曼天然气收入总额为17亿阿曼里亚尔,占全年财政总额的12.1%[2]。

三、石油天然气工业的国际合作

阿曼石油天然气公司与国际石油公司合作的项目主要有:

20世纪90年代后期:1992年,阿曼液化天然气公司、阿曼政府、壳牌、道达尔和日本、韩国的一些公司合作,在盖勒哈特投资建设一个液化天然气工厂。阿曼政府占51%的股份,由日本的千代田公司(Chiyoda Corpn)和美国的福斯特·惠勒公司(Foster Wheeler)共同建造,共花费22.5亿美元,成为迄今为止阿曼最大的单个建筑项目。2000年2月该项目开始生产,经扩建后年产液化天然气990万吨;1996年美国特里顿能源公司(Triton Energy)、阿科公司(Arco)、日本石油勘探公司(Japex)、葡萄牙合资开采公司(Partex)阿曼公司、阿曼菲利浦石油公司在阿曼获得4块油田勘探权;1997年初,阿曼东南沿海地区勘探石油特权被授予沙特阿拉伯尼莫尔石油公司(Nimr);1998年6月,美国阿莫科公司(Amoco)、西方石油公司(Occidental)、特里顿公司与阿曼政府签订了3个勘探和生产协议,共投资8 000万美元。

21世纪以来,阿曼石油天然气公司的跨国合作越发扩展:2001年,丹麦阿曼马士基(Maersk)石油公司获得阿曼西部2个区块石油勘探权,同年澳大利亚的诺沃斯能源公司(Novus Australia Energy)与阿曼政府签署了勘探和生产分成协议;2002年阿曼与法国道达尔、美国

---

[1] 《阿曼2005—2006》,阿曼新闻部,第147页。

[2] Sultanate of Oman Ministry of Information, Oman 2015, pp.258-260.

亨特石油公司签订了勘测和生产分成协议，同年与泰国石油勘探及开采公司签署了价值900万美元的44区块石油勘探协议；2004年与中国石油化工集团公司（SINOPEC）签署了阿曼南部36、38区块的勘探与生产分成协议，同年与壳牌、道达尔和阿曼Partex续签了6区块的特许经营协议，为期40年；2005年，德国UHDE工程公司与里瓦石油化工公司（LPIC）签署了承建苏哈尔二氯乙烯项目（EDC）的氯碱电解厂部分的合同，合同金额2 300万美元，同年6月与爱尔兰循环石油公司（Circle Oil Company）签署了49、52区块的油气勘探与生产的特许协议，共投资4 000万美元；同年9月与瑞典高特石油资源有限公司（Got Oil Resources Limited）和丹麦奥丁能源公司(Odin Energy)签署的15区块特许勘探开采协议，两家公司投资1 100万美元；2006年英国能源公司被授予60区块天然气田的勘探开采权；2007年与英国石油公司签署开发占地2 800平方千米的61区块的天然气储备的协议；2008年与西方石油公司和阿布扎比的石油公司组成的联合体签订开发62区块协议[1]；同年9月中旬，中海油国际经贸有限公司与阿曼盖勒哈特液化天然气公司签署商业合作协议。

2013年，印度承包商获得合同金额2.5亿美元的一个天然气开采项目订单；2014年，阿曼与英国派特法公司签订总价值12亿美元的合同，该合同主要涉及天然气田中央处理设备的设计和建造工程；同年美国雅各布工程集团获得阿曼天然气集输管道项目设计、建设项目，总投资金额约20亿美元[2]；2015年12月，阿曼与迈尔·泰克尼蒙特（Maire Tecnimont）公司签订约8.95亿美元的投资合同，用于建设聚烯烃装置项目；2016年2月，英国石油公司与阿曼政府签订了修改61区块的石油协定，该协定修改了分成协议，还将61区块向南部和西部延伸1 000多平方千米[3]。此外，阿曼还在海湾合作组织框架下签订了海豚（Dolphin）天然气项目计划，海豚能源和阿曼签订了为期25年的天然气供应合同，自2008年下半年起，每天向阿曼供应天然气566万

---

[1] 中华人民共和国驻阿曼大使馆经济商务参赞处网站。
[2] 中国石化新闻网："雅各布工程集团获阿曼天然气集输管道合同"，http://www.sinopecnews.com.cn/news/content/2014-03/11/content_1384890.shtml。
[3] 中国管道商务网："英国石油公司和阿曼石油公司签署阿曼哈赞气田分成协议"，http://www.chinapipe.net/national/2016/27578.html。

立方米,此外,该计划还以天然气管道将卡塔尔、阿曼、阿联酋的能源供应连接起来。

四、其他工业

阿曼的其他工业部门还有矿产部门、建筑部门、服装加工部门和传统手工业部门。

阿曼石灰石和石膏资源丰富,为水泥工业的发展提供了基本保障,也使水泥成为阿曼的主要输出产品之一。根据国家经济和社会发展总体规划,阿曼将投资于交通和社会基础设施建设,以及开发旅游设施和扩大工业区,水泥需求预计年增长率为6%,这需要阿曼水泥生产商扩大产能并提高生产效率,也为国际特别是中阿之间产能合作提供了机遇。

阿曼主要有两家大型水泥公司,分别为阿曼水泥公司和赖苏特水泥公司,其中阿曼水泥公司是最大的一个,产品主要销往北部地区;赖苏特水泥公司产品主要销往也门和东非。阿曼水泥公司于1994年耗资9 360万美元大幅增加生产设备,并于1995年初期投入生产,将年产量从88万吨提高到118万吨。2007年,中材集团旗下的中国建材装备有限公司与阿曼水泥公司成功签订了日产4 000吨水泥熟料生产线合同,这在当时创下了中国企业在阿曼承揽的合同金额最大的单个承包工程项目,也大幅地提升了阿曼水泥公司的产量。2011年,由中国建材装备有限公司承接的阿曼水泥公司第三条生产线顺利点火成功,使阿曼水泥公司日均生产能力达到8 500吨,年生产能力达到300万吨左右[1]。2011年上半年阿曼水泥公司销售额为2 481万阿曼里亚尔,2012年同期达2 806万阿曼里亚尔,同比增长13%;2012年上半年公司净利润为1 012万阿曼里亚尔,2011年同期为830万阿曼里亚尔,同比增长22%[2]。

相比于阿曼水泥公司,赖苏特水泥公司资金、技术和生产线升级换代相对落后。2005年10月,赖苏特水泥公司第三条生产线投产,该公司的年生产能力由130万吨提高到230万吨。2009年9月9日,天津

---

[1] 中国商务部网站:"阿曼水泥公司第三条水泥熟料生产线点火成功",http://www.mofcom.gov.cn/aarticle/i/jyjl/k/201101/20110107374516.html。

[2] 中国行业研究网,http://www.chinairn.com。

水泥工业设计研究院和阿曼赖苏特水泥公司签署了"赖苏特水泥5号"粉磨站（100吨/小时）安装工程的总承包合同，次年12月21日该项目投产。2012年前9个月赖苏特水泥公司销售额为7 035万阿曼里亚尔，2011年同期为6 267万阿曼里亚尔，同比增长12%；2012年前9个月公司净利润为1 911万阿曼里亚尔，2011年同期为1 171万阿曼里亚尔，同比增长63%。

作为劳动密集型产业，阿曼服装制造业与水泥制造业共同吸收了阿曼近半数的劳动力。目前，阿曼共有服装加工企业30余家，基本没有大规模、现代化的服装加工厂。小的服装加工厂平均工人人数不超过100人，大型加工厂也最多不超过500人。制约阿曼服装加工产业发展的主要因素是劳动力素质偏低，但成本相对较高，原材料供应短缺，本国没有一条龙的供应体系。然而，服装加工业在阿曼非石油产业的出口中却占有重要地位。

阿曼最有名的手工业包括银饰工艺、造船、木雕、铜器制作、蜡染、陶艺、纺织、靛蓝染色、香料制造、制糖等，具体生产和传承主要限于家庭之中，所以发展空间受到很大限制。阿曼鼓励和支持发展民族手工业，为传承和弘扬传统技能，建立了手工艺的公开权利机构（PACI）和阿曼手工业公署。2004年，阿曼手工艺遗产文献工程办公室资助出版了两卷丛书《阿曼手工艺遗产》。2012年以来，阿曼政府发布了一系列政策以保护与发展阿曼的传统手工业，政策执行单位为阿曼手工业公署。该署数次拨专款向从事传统技艺的手工业者（几乎全部是中小企业）提供补贴，并在从业者较为集中的地区为手工业从业者开办专门的培训和生产中心。在该署多项鼓励措施的推动下，仅2012年上半年，在阿曼手工业公署注册的从业者就增长了20%[1]。2015年年中，阿曼手工业总局发布报告显示，全国登记在册的手工业者共有12 986名，其中1 930人得到了国家财政支持，阿曼政府共花费51.43万阿曼里亚尔[2]。

---

[1] 参考中华人民共和国驻阿曼苏丹国大使馆经济商务参赞处："阿曼积极推动中小企业发展"，http://om.mofcom.gov.cn/article/ztdy/201311/20131100377031.shtml。

[2] Sultanate of Oman Ministry of Information, Oman 2015, p.80.

第四节　水电业

1978年阿曼成立水电部，任命农业、石油和矿产部原法律顾问哈穆德·阿卜杜拉·哈利夫为水电大臣。此后，阿曼成立了水电公共管理局，专门负责管理国内的电力和水利工程，以及饮用水供给、污水处理等相关市政工程。当前，阿曼水电方面的基础设施建设有很大缺口，特别是海水淡化领域，具有极大的发展空间。

2005年以来，阿曼水电设施得到私营部门的投资兴建而较快发展。3个国际投资公司与当地的合作者共同修建了3个大发电站，包括：投资1.6亿阿曼里亚尔，在巴提奈地区修建的巴克发电站和海水淡化厂；投资0.45亿阿曼里亚尔，在东部地区修建的阿尔卡米发电站，用天然气发电，发电量为29万千瓦；总投资1.5亿阿曼里亚尔的萨拉拉发电站，发电量为24.2万千瓦。

2016年6月，阿曼宣布由新加坡凯发集团开发的海水淡化项目于2017年投入运营。该项目是凯发集团在阿曼马斯喀特省开发的规模最大的海水淡化项目，每天可为阿曼额外供应20万立方米的饮用水。据悉，针对该项目，开发公司已与阿曼水电公司签署了一份20年期（2017—2037年）的购水协议[①]。

第五节　旅游业

阿曼自然风光优美，旅游资源丰富，发展旅游业的条件好。阿曼海岸线长1 700多千米，有优美的沿海风光和富饶的海滩，在首都马斯喀特附近的深海区可观赏到海豚和金枪鱼群穿梭腾跃的自然景观。国家实施野生动物保护政策，设立了多个大面积的自然保护区，那里众多的海龟、阿拉伯羚羊和著名的乳香树等动植物资源吸引了无数游客。南部佐法尔省的萨拉拉地区终年温和湿润，是风景优美的避暑胜

---

① SDPLAZA, http://www.sdplaza.com.cn/article-3572-1.html。

地。阿曼是一个历史悠久的文明古国，历史遗迹和风景名胜遍布全国，国家大力发展生态旅游、探险旅游、文化遗产景观、水上运动以及沿海休闲游乐景观。阿曼发展旅游业不仅依靠丰富的旅游资源，安全稳定的社会环境也为旅游业的发展提供了坚实的保障。

阿曼政府重视旅游业的发展，旅游业也是阿曼经济多样化政策发展的重点产业之一。在第二个五年计划（1981—1985）期间，阿曼开始重点发展旅游业。为了支持旅游业，国家颁布了旅游法，工商部下设了旅游局，民间成立了旅游协会，根据第61/2004号皇家谕令，政府正式将旅游局升格为旅游部。2004年10月开始重建阿曼旅游酒店专科学院，积极开展旅游从业人员的业务培训。该学院可以给阿曼人提供旅游专业的培训，现有250多名阿曼人在这里学习。

政府加大对包括旅游设施在内的基础项目投资，并积极号召国内外投资商为开发旅游项目工程投资，为投资商投资提供各种便利条件。阿曼是个风景优美的旅游胜地，所以投资者的投资热情很高。由公私合营部门合作开发的项目主要有巴里·艾尔·吉萨工程。它占地50万平方米，位于距马斯喀特20千米处。该工程项目总耗资约2亿美元，政府投资40%，其余的60%由私营企业投资。该工程由阿曼政府和当地的祖拜尔公司参与，香港香格里拉集团主管，负责别墅和服务公寓、娱乐设施、商业中心和小型码头的建设。

2016年3月，阿曼宣布开发3个水上乐园，总投资额达数十亿美元。其中，阿曼旅游开发公司（Omran）的马斯喀特水上乐园项目被阿曼指定为重点工程项目，旨在提升阿曼私营企业在旅游业中所发挥的作用。阿曼旅游开发公司首席执行官表示，开发并管理此类项目的目的之一，便是培训和提升未来阿曼旅游业从业者的管理能力。此外，水上乐园项目的开发，还旨在刺激国内旅游市场。目前大部分阿曼人选择到周边的阿联酋等国家旅游。阿曼官方统计数据显示，2015年有超过100万阿曼人前往阿联酋旅游。因此，阿曼水上乐园等项目的开发，符合阿曼旅游业"2040战略"的落实，该战略预计旅游业创造价值增长6%，游客人数增至每年500万人。

为了推广阿曼旅游业，政府和私营企业都积极参加一些国际旅游博览会、各种相关会议和旅游营销活动。阿曼在开罗、伦敦、悉尼、东京和巴黎等地建立了旅游办事处，把旅游业的宣传推向海外市场。

在西卜国际机场还开设了游客信息中心。为了更好地介绍本国旅游资源，阿曼的卡布斯苏丹大清真寺和各个港口、城堡都有英语、阿拉伯语的宣传手册。不同地区发行不同的小册子、地图和旅行指南等出版物。

随着近些年国外游客的增多，一些旅游基本设施也相应发展，许多国际级的酒店已经落成。截止到2016年9月，阿曼拥有五星级酒店10家、四星级酒店12家、三星级酒店18家、度假村4家、露营地12块、青年旅社2家[1]。2014年，阿曼共接待游客220万人，比2013年增加10万人左右，酒店部门的收入和入住率均有上升。据阿曼最新旅游统计，2014年阿曼三、四、五星级酒店平均入住率为60.4%，接待约游客120万人，总收入达1.915亿阿曼里亚尔[2]。2013年，阿曼共接待非海湾国家游客近百万人，其中排名前十位的国家为印度（244 786人）、英国（133 529人）、巴基斯坦（67 893人）、德国（55 126人）、美国（53 165人）、法国（47 830人）、埃及（28 541人）、意大利（26 063人）、菲律宾（24 897人）、孟加拉国（20 191人）[3]。阿曼旅游部制定了详细的经营和推广战略，正在与阿曼皇家警察商讨便利签证事项，并正在规划其他新的政策措施。阿曼旅游部从2005年初开始，与阿曼国民经济部、世界旅游组织着手合作开发一套旅游卫星账户系统(TSA)，该系统提供了大量的旅游统计数据供国家决策参考。在其他基础设施方面，2016年，阿曼国际会展中心落成，该中心面积为22 000平方米，拥有14个会议大厅，层级式礼堂设3 200个座位[4]。阿曼国际会展中心被认为是阿曼旅游和商务接待业的重大项目。

第六节　交通物流

阿曼境内铁路网建设不足，运输主要依靠公路。自2014年起，海合会国家拟将建设"半岛铁路网"，设计总里程2 135千米，预计全部

---

[1] 阿曼旅游局（中文网站），http://lvyou168.cn/travel/om/omantourism1/accommodation.htm。
[2] Sultanate of Oman Ministry of Information, Oman 2015, p.287.
[3] Number of Tourists to Oman, https://en.wikipedia.org/wiki/Tourism_in_Oman.
[4] Oman Convention and Exhibition Center, http://www.omanconvention.com.

工程将于2018年完工。第一期工程为布赖米（布赖米省）至苏哈尔（中北省）段，设计里程近200千米，预计投资150亿美元，目前已完成招标。第二期工程为哈菲特（布赖米省）至法胡德（达希莱省），设计里程230千米，已完成初步设计方案。然而在2016年5月，据一名阿曼高级官员透露，该铁路项目延期[1]，这意味着阿曼国内仍然没有铁路。

1970年阿曼全国只有10千米长的沥青公路。卡布斯苏丹执政后，政府开始着手在全国建立庞大的公路网络。1980年，全国柏油路（单行线）全长1 622千米，到1985年增加到3 211千米。同期柏油路（双行线）从14 703千米增加到18 280千米[2]。2003年，我国中铁十八局中标阿曼库尔亚特—苏尔沿海公路第二合同段工程，总投资额为4.8亿元人民币。2014年，印度工程巨头拉森特博洛（L&T）从阿曼交通运输和通信部获得了155亿卢比的工程项目，主要为扩建车道及修建配属设施。2016年6月9日，在工期推迟两年后，沙特—阿曼公路竣工，该路线比常用路线缩短了近800千米，其中阿曼境内路段160千米[3]。经过多年的发展，阿曼公路网建设取得了巨大进步，截止到2014年10月，沥青公路总里程达13 568千米，土路总里程达16 611千米[4]。

由于海岸线条件良好，阿曼的水运交通相对发达。阿曼主要港口有马斯喀特卡布斯苏丹港、苏哈尔港、萨拉拉港、杜格姆港、法赫勒港等。其中马斯喀特卡布斯苏丹港已不再承担货运任务，将逐渐转型为旅游港；苏哈尔港和萨拉拉港主要从事集装箱等货运业务，同时建有自由区，发展工业；杜格姆港尚在建设中，建成后将成为阿曼第一大港；法赫勒港为原油运输专用港。此外，阿曼国家轮渡公司在穆桑代姆省（阿曼飞地）、马西拉岛（阿曼最大岛屿）与阿曼本土之间开设了多条客运航线。

---

[1] 中华人民共和国商务部："阿曼铁路网项目延期"，http://www.mofcom.gov.cn/article/i/jyjl/k/201605/20160501311155.shtml。

[2] 《金字塔经济学家》周刊载文谈阿曼苏丹国经济发展情况，见《参考消息》1990年1月14日，第61页。

[3] 参考中国国际贸易促进委员会驻海湾代表处网站，http://www.ccpit.org/Contents/Channel_3920/2016/0609/656245/content_656245.htm。

[4] 海运、空运、输油管道数据参考中国驻阿曼苏丹国大使馆网站，http://om.chineseembassy.org/chn/zjam/amgk/。

在空运方面，1981年5月成立的阿曼航空公司系公私合营企业，主要担负国内客货运输任务。近年来，阿曼航空公司不断拓展国际业务，已陆续开通马斯喀特至伦敦、吉隆坡、雅加达等地航线。2016年1月，阿曼民航总局发放首个廉价航空牌照，马斯喀特国民发展和投资公司（ASSAS）获得经营权，于2016年第四季度开始运营，初期主要执行马斯喀特至萨拉拉航线。民用机场目前主要有马斯喀特国际机场、萨拉拉国际机场、苏哈尔机场等。其中马斯喀特新国际机场正在建设，萨拉拉新国际机场已于2015年11月正式投入使用。

第七节 对外贸易

一、古代对外贸易

阿曼由于所处的地理位置优越并拥有高超的造船和航海技术，发展海上贸易有得天独厚的条件。古代阿曼居民广泛进行海上和陆路贸易活动。古代亚述帝国、印度河谷和苏美尔文明的有关记载都把它们的经济繁荣归功于同马干（阿曼古代名称）的贸易。阿曼人将自产的闪长岩、造船的木材、铜矿石、珍珠、珊瑚、乳香、洋葱和椰枣等作为商品进行运输贩卖，还从非洲海岸运来珍贵的木料、宝石、象牙、香料和食品等。除此之外，阿曼制造的船只也被其他国家所青睐。阿曼的苏哈尔、马斯喀特当时都是闻名遐迩的商埠。

然而，阿曼与美索不达米亚城市间的直接贸易于公元前2000年左右突然中断，在此以后的相当长的时间里，关于阿曼海上活动的记载极少。公元前1000年，随着亚述帝国的崛起，阿曼地区才逐渐繁荣起来。公元前700年阿曼同印度的贸易恢复了。阿曼商人还将阿曼的铜矿石以及非洲的香料、香水和稀有木材运往迪尔蒙（现在的巴林和科威特地区）。古代阿曼与中国的商贸联系也是从海路开始的，据阿拉伯文献记载，第一个来中国的海湾人是阿曼商人奥贝德。他于公元750年从阿曼湾出发，航行7 000千米，历时约两年，最后到达中国采购商品。

佐法尔曾经是阿曼乳香贸易的中心，这里出产的乳香质量上乘、世界驰名。乳香是上层社会人士的专宠，有"白色黄金"之称。在历史上，乳香被视为统治者权力和财富的象征，其价值曾经等同于黄金。乳香贸易在很长的一段时间内一直是阿曼的经济支柱。满载着佐法尔乳香的驼队从阿曼出发，经陆路长途跋涉到达地中海、叙利亚和埃及等国。乳香的水路运输路线则是在加沙装船，穿越地中海，到达古罗马帝国并最终销往欧洲各地。佐法尔的乳香在公元750年由阿曼商人奥贝德带到中国广州。中国宋朝以后，上层阶级人士熏香之风盛行，因此每年进口的香料数量巨大。公元1077年，广州一地进口的乳香达174吨[1]。广州、泉州等地的乳香都来自佐法尔，当时佐法尔被称作"香岸"，从阿拉伯国家到中国南方的海路被称作"香料之路"。

19世纪中叶，阿曼达到了海上商业大国的巅峰时期，并被称为"亚洲一流的海上力量"，此时正值赛义德统治时期。它的商业疆域向东控制了印度次大陆的俾路支斯坦部分地区；向南占领了阿拉伯半岛东海岸和东非一带；向北达巴基斯坦，控制着海湾的几个港口，还一度占领了巴林。赛义德还从马扎里手里夺取了蒙巴萨，将桑给巴尔定为他的南部首都。当时的首都马斯喀特商业发达，是大贸易集散中心，整个海湾贸易的60%都通过这里，阿曼从这些中转贸易中收取6%~16.5%的关税[2]，可谓富庶一时。

二、对外贸易政策与现状

阿曼对外贸易政策较为开放，长期实行低关税、进口无定向、外汇基本不管制的自由贸易政策。为了应对贸易风险，1980年阿曼正式成立国家总储备基金，以备国家长期战略和下一代发展之需，并作为稳定政府开支的基金。政府规定将每年石油纯收入的15%左右交纳国家总储备基金。1991年，政府又成立了应急基金，用于缓解国家总储备基金的压力，分担其部分功能。阿曼鼓励非石油产品的出口，对生产出口产品的原材料免征进口关税。此外，国家发展银行对有关企业出口工业品提供信贷，还建立了出口补贴制度，对工业制成品的出口给予10%~25%的价格补贴。阿曼的转口贸易是其对外贸易中仅次于石

---

[1] 《使馆商社贸易快讯》，2003年第11/12期，天润国际展览出版集团有限公司，第7页。

[2] 黄培昭、苏丽雅：《当代阿曼苏丹国社会与文化》，上海：上海外语教育出版社，2003年版，第36页。

油出口的项目。

阿曼的对外贸易发展较快,在阿曼国民经济建设中占有重要地位,但是发展得并不十分稳定。近年来,阿曼一直保持对外贸易顺差,但仍显现出经济基础不够雄厚的特征,对外贸易顺差受到石油价格波动的影响很大。2014年和2015年的对外贸易顺差分别为253.3亿美元和61.6亿美元。2014年和2015年的贸易进口额分别是278.9亿美元和282.7亿美元,出口额为532.2亿美元和344.3亿美元[1]。2014年,阿曼石油及天然气出口占商品出口总额的65.6%,约为134亿阿曼里亚尔;石油出口额为41亿阿曼里亚尔;转口贸易额为29亿阿曼里亚尔[2]。

阿曼对外贸易主要有两个特征,即出口的单一性和进口的广泛性。1967年出口石油之前,阿曼出口产品主要是椰枣、鱼类产品、烟草、皮革、水果、蔬菜、石灰和棕红染料等。现在,石油、天然气及其相关产品是阿曼对外贸易的大宗产品。出口主要面向中国、韩国、日本和泰国。阿曼出口的非石油产品主要有纺织品、家畜、肉类产品、鱼类、矿产品等。进口产品主要是运输设备(汽车及其配件)、机械、手工制品、食品、饮料、牲畜和润滑油等。2015年阿联酋的进口产品占总进口量的29.7%,日本占10.2%,美国占7.5%,中国占6.7%,印度占6.3%。

2000年11月,阿曼加入世界贸易组织,为履行WTO成员方的义务,阿曼的国内市场逐步放开。除石油和铜矿的出口由国家垄断外,其他商品一律放开经营,外商可进入阿曼的计算机、银行、保险和金融等领域。2015年,除中国外,阿曼最大的贸易伙伴是阿联酋,它是阿曼最大的非石油产品出口的目的地国,同时也是最大的进口来源国,占全部进出口贸易总额的45%,但是阿曼从阿联酋进口的产品并非阿联酋生产,主要生产国是日本和西方发达国家,阿联酋与阿曼之间主要从事转口贸易。2000年以来,阿曼进口商品的10%~15%来自日本,特别是汽车制造业等产品,日本也成为阿曼第二大进口来源国,在阿曼的私人和商业消费市场占据了很大的份额。与此同时,英国和美国是阿曼军事装备的供给国,贸易额不完全对外公布。

---

[1] Central Intelligence Agency, The World Factbook, "Oman", https://www.cia.gov/library/publications/the-world-factbook/geos/mu.html.

[2] Sultanate of Oman Ministry of Information, Oman 2015, p.276.

为了支持私有化和制造业国有化，阿曼于1973年成立了商业和行业协会（OCCI），代表私营企业的利益。为了把阿曼的产品推到国际市场，吸引更多投资，该组织通过贸易活动和其他国家建立了牢固的经贸使团关系，它是许多欧洲和阿拉伯联合行会的成员。2014年，阿曼商业和行业协会与欧盟共同举办了"经济蓝图"研讨会，探索海运、船舶及物流领域的发展机遇。截至目前，商业和行业协会有24万多个不同类型和层次的公司会员，包括本地商业、咨询公司、跨国公司等[1]。阿曼商业和行业协会为吸引外资和促进交流合作，促进阿曼经济发展做出了一定的贡献。

根据皇家第52/2011号谕令规定，阿曼投资促进和出口发展总局（PAIPED）于2011年3月27日成为一个独立的政府部门，主要职能是对政府连续的投资出口战略进行规划，并提供具体相关措施。阿曼投资促进和出口发展总局坚定地鼓励私营部门在非石化领域的出口和国际投资中加强参与，同时把阿曼的商贸平衡和经济多元化视为高于一切的目标[2]。

三、外国投资及经贸援助

为了补充本国建设资金的不足，阿曼政府极其重视吸引外资，采取多种措施积极争取外国贷款和赠款，也非常重视和鼓励引进外国直接投资。阿曼制定了一系列政策和法规，对《商业法》《商务代理法》《公司所得税法》《公司法》《外国投资法》等做了重要的修订，同时起草了有关金融证券的法律，以便给本国和国际投资者营造更好的经济环境。阿曼政府规定，外国投资者有权在经济的任何领域投资，该政策旨在为海外公司前来创办企业提供便利条件。阿曼政府提倡自由竞争，除石油和铜的出口由国家垄断外，其他产品一律放开经营，对各国贸易不做强制性要求。这种宽松的自由贸易政策和环境，为各国与阿曼开展经贸合作提供了良好的条件。加入WTO后，阿曼采取了一系列措施，颁布了《知识产权法》《商品法》《著作法》等，并进一步放宽了对外国投资的限制。

阿曼具有优越的战略位置、稳定的政治环境、以市场为导向的政

---

[1] Sultanate of Oman Ministry of Information, Oman 2015, pp.282-283.

[2] Sultanate of Oman Ministry of Information, Oman 2015, p.83.

策和政府向投资者提供的许多激励措施,这些使得阿曼具有吸引外资的条件。此外,阿曼市场还表现出有利于外国投资的特征,如:物价稳定,自1992年以来通货膨胀率一直在地区保持低水平;货币稳定,可自由兑换,没有外汇兑换限制;对部分外国产权的工业和旅游业项目提供无息长期贷款;阿曼产品进入其他海湾国家无关税等。政府为了实现国家财政收入多样化和鼓励私营企业发展,实行多种优惠政策,对阿曼投资商采取简化程序、扩大外商投资的权限等措施,保障外国投资者的合法利益。现在阿曼政治环境稳定,经济政策灵活,良好的投资环境吸引着众多的投资者。

英国和其他海湾国家是阿曼的主要投资国,外资主要投向油气开采业和金融业。从1970年到1985年年底,共吸收外资2 300万阿曼里亚尔。截止至1989年年底,本国公司和外国公司在阿曼的投资总额为1.9亿阿曼里亚尔,其中外国投资公司投资额为0.76亿阿曼里亚尔,占投资总额的40%。为了促进与其他国家的投资合作,阿曼政府先后与22个国家签订了34个关于促进和保护合资企业的协议。截至2012年年初,英国仍为最大投资国,累计投资额59.48亿美元(38.7%),其次为阿联酋,累计投资额22.90亿美元(16.6%);其他主要投资国及累计投资额还有:美国13.45亿美元(8.8%)、印度6.16亿美元(4.0%)、科威特5.93亿美元(3.9%)、巴林5.50亿美元(3.6%)、卡塔尔4.44亿美元(2.9%)和毛里求斯3.88亿美元(2.5%)。

阿曼政府通过制定相关政策以鼓励外国直接投资(FDI)投资各领域,这些措施中最关键的是允许外资拥有100%的所有权、低息软贷款和简便的偿还选择、免除土地税和进口设备关税、减免原材料进口关税、不设个人收入税、企业税最多可免10年、资本全部回流的自由,通过出口保证和信贷代理可获得信贷担保。阿曼政府还设立了联系政府所有部门的单一窗口来办理各种相关业务和执行系统流程。阿曼在2001、2002、2003年吸引的外国直接投资数额分别为8 300万美元、2 400万美元和1.38亿美元。2006年年底外资在阿曼的投资累计达到59.97亿里亚尔,其中89%是FDI投资,2006年底FDI为22.6亿阿曼里亚尔,来自56个国家,英国是FDI的主要来源,达到6.53亿阿曼里亚尔,主要投资在石油、金融和建筑领域。

阿曼统计与信息中心发布的数据显示,2012年外国直接投资14.81

亿美元，比2011年的10.5亿美元增长41%；2012年外国直接投资存量达168.48亿美元，比2011年的153.66亿美元增长9.6%。阿曼吸收的外国直接投资按行业存量为：油气勘探业79.78亿美元（46.4%），制造业34.90亿美元（18.3%），金融（中介）服务业23.78亿美元（15.5%），房地产业10.31亿美元（6.7%），贸易业5.17亿美元（3.4%），运输、仓储与通信业4.68亿美元（3.1%），建筑业4.61亿美元（2.7%），酒店业2.37亿美元（1.5%），水电业1.7亿美元（1.2%）。联合国贸易发展会议2013年报告显示，阿曼当年吸引的外国直接投资达16.2亿美元，比2012年增长56%[1]。

美国传统基金会与《华尔街日报》共同编制的"2014经济自由度指数"排名显示，阿曼在该指数全球排名为第四十八位，在中东北非排名第六，在海湾六国中排名第四[2]。此外，据阿曼官方英文报纸《观察家报》消息，在世界银行2017年全球商业环境报告的创业手续简便度排名中，阿曼从第159名上升到第32名，在海湾地区排名第一；在营商便利度排名中，阿曼从第69名上升到第66名。阿曼这两项排名大幅提升，很大程度上归功于2015年实行了推出便利投资一站式在线服务窗口、取消企业合并三个月内必须支付一定费用的要求、提高企业员工注册手续效率等措施[3]。阿曼投资环境的改善与提升，将会在未来吸引更多的投资者前来投资兴业。

阿曼对其外债数额持保密态度，但根据美国中央情报局的统计数据，2015年初阿曼外债总额为106.6亿美元，2016年初达到129.4亿美元[4]，2015年的外债总额占国民生产总值的比率达到18.42%。但是阿曼从未有拖欠偿还外债或更改分期偿还贷款时间的情况，即使是在1998年石油价格暴跌的情况下，当年阿曼偿债率上升到近20%。这一记录使阿曼在国际资本市场中赢得了信誉。

---

[1] 中华人民共和国商务部，http://www.mofcom.gov.cn。
[2] The Wall Street Journal, http://wall-street.com/.
[3] Oman Observer, http://omanobserver.om/.
[4] Central Intelligence Agency, The World Factbook, "Oman", https://www.cia.gov/library/publications/the-world-factbook/geos/mu.html。

下篇

第九章 阿曼民生情况

第一节 物价水平

阿曼的物价水平长期以来波动不大。从2016年1月至10月，商贸经济网站统计的阿曼首都马斯喀特的消费指数显示，2016年1月至5月的平均消费指数为102.54，6月至10月则上涨到103.92，上涨幅度为1.35%[①]。阿曼近期居民生活相关指数概览表如表9-1所示。

表9-1 阿曼近期居民生活相关指数概览表（2012年＝100，NSA）

阿曼价格	近期数据	前次数据	最高	最低	单位
通货膨胀率	1.30	1.50	14.50	-0.55	%
居民消费价格指数（CPI）	104.10	103.80	104.10	69.80	指数点
生产者价格	88.70	102.70	158.25	88.70	指数点
生产者价格指数变化	-31.70	-23.40	-31.56	-31.70	%
通货膨胀率（每月）	0.30	0.90	0.90	-0.59	%
食品通胀	-2.11	-1.66	3.83	-2.11	%

注：数据及表格选取自 Trading Economics 网站阿曼居民消费价格指数数据，Trading Economics, http://zh.tradingeconomics.com/oman/consumer-price-index-cpi。

[①] Trading Economics, http://zh.tradingeconomics.com/oman/consumer-price-index-cpi.

第二节　就业情况

1996年6月，阿曼政府开始提出减少国家就业市场外籍劳动力比例的就业阿曼化政策，以期为迅速增长的阿曼人提供就业机会。为提高阿曼人的职业技能，阿曼政府宣布承担所有在私人部门就职的阿曼人的培训费用。阿曼人力资源部于1997年规定，凡雇佣外籍员工的雇主，每年须按照外籍员工的工资额度缴纳一定比例的费用，以资助政府的职业培训项目。据官方数据统计，截止到2015年3月，受雇于阿曼私营部门的阿曼人有214 130人，比2002年的63 179人增长了3.4倍左右[1]。2016年阿曼各经济部门阿曼化比例如表9-2所示。

表9-2　2016年阿曼各经济部门阿曼化比例[2]

经济部门	比例
工业	35%
服装制造业	25%
银行业	90%
金融业	45%
保险业	65%

为推进就业阿曼化进程，阿曼劳工部采取了一系列措施，包括发布行政命令，自2003年起建筑承包人、维护工、内装修工、裁缝、洗衣工、理发工、美容院职员7种职业将只能由阿曼人替代外籍劳务人员来担任。除上述7种职业外，饮水运送、房地产经纪人、燃气罐销售配送、租车公司、果蔬运输和配送将不再发放新许可证。阿曼劳工部于2013年又发布公告，从当年11月1日起，停止发放私营部门建筑劳务和保洁工人的入境签证6个月，但阿曼的大公司、咨询公司和实施政府项目的公司劳务签证不受此规定限制。2014年，阿曼政府实施限制外籍劳工人口比例措施，将外籍劳工限制在总人口的33%左右[3]。

---

[1] Sultanate of Oman Ministry of Information, Oman 2015, p.211.
[2] Sultanate of Oman Ministry of Manpower, http://www.manpower.gov.om.
[3] Sultanate of Oman Ministryof Manpower, http://www.manpower.gov.om/Portal/ServicesDirectory.aspx.

绿卡公司[①]、国际级和优等级公司、油气开采和营销公司、银行、保险公司、商业中心的店铺、大型超市、工厂、私人诊所、饭店、法律/律师事务所、私立学校、培训机构、出版印刷、打井的公司等14类不同行业的公司在满足阿曼化比例的同时，可引进所需外籍劳工。

第三节　工资标准

阿曼的最低工资标准由政府限定。1989年，经济部法令规定的最低工资标准为：高中学历以上的阿曼人，最低月工资为150阿曼里亚尔（约合390美元），外加50阿曼里亚尔的津贴；没有高中文凭的阿曼人，最低月工资为100阿曼里亚尔（约合260美元）。根据1998年制定的一项行政决策，规定私营部门的阿曼人的最低工资额为每月100阿曼里亚尔，如果雇主不提供交通工具，还要每月付给雇员20阿曼里亚尔交通津贴。私营部门的外籍劳工最低工资为每月50阿曼里亚尔（约合130美元）。"阿拉伯剧变"后，阿曼也爆发了一定程度的抗议游行，2012年3月之后，阿曼政府将私营部门的最低工资标准提升至200阿曼里亚尔[②]。虽然政府做了严格的规定，但阿曼仍有低于工资标准的工作者。

第四节　住房及福利

反映一个国家经济和社会发展水平的重要指标之一便是居民的住房及福利，这也是居民生活质量高低与否的重要表现。卡布斯苏丹执

---

① 绿卡公司是指具备以下7项条件的公司：遵守劳动法；禁止外劳在其他公司工作；不雇用持居住卡的其他公司外劳；按时发放工资；阿曼化比例高，培训本地干部并在公司内任职；鼓励本地劳动力的措施，保证阿曼工人的稳定；人事部门经理由阿曼人担任。优等级公司将被授予劳务许可。绿卡公司则须提交申请并说明项目情况，项目结束后送外劳回国，申请将在提交之日获得批准，有效期从3个月延长到6个月。如果绿卡公司出现多次违规，其绿卡资格将被取消或拒绝。

② Jame Worrall, "Oman: The 'Forgotten' Corner of the Arab Spring", Middle East Policy, Fall 2012, Volume XIX, Number 3, p.32.

政后，努力为收入有限的家庭提供住房。采取的政策主要有：一是针对低收入职工，由阿曼住房银行提供相当于建房或购房费用90%的贷款；二是对于没有达到标准住房条件的公民，政府赞助他们租住适当的住房；三是对于因残疾和疾病等无法工作的公民，政府免费提供住房；四是外籍人士在符合标准的情况下也可享受政府提供的廉租房。

总体而言，在国家实施的住房计划帮助下，阿曼基本实现了"居者有其屋"。阿曼人目前享受着高标准的住房福利，低收入已婚者多数由国家分给了住房，并且在居住20年后便是他们的私有财产。在阿曼的城市或者乡村，大多是独门独院的二层、三层的别墅小楼，很少有高层公寓住宅楼。这些别墅是依照用户的特点、要求及喜好而建的，注重整体布局，既让房子卫生、安全，又兼顾了外观的大方美观。目前，阿曼全国的私人住房拥有率已达世界较高水平。

现代国家社会保障制度的主要内容还包括教育和医疗。阿曼在全国实行免费教育，并且大力普及中小学教育，除免收学费外，还给学生发放各种津贴、补助，为居住在离学校较远地方的学生提供免费的公共交通工具。阿曼政府早期对公民实行免费门诊治疗，现在由于政府预算限制和人口的迅速增加，对门诊医疗征收小部分费用。2015年政府卫生和教育预算为46亿阿曼里亚尔，是10年前的6.27亿阿曼里亚尔的7.3倍，其中投入30亿里亚尔（约合78亿美元）在阿曼建设41所学校，投入占预算支出的21.3%，还将投入16亿里亚尔（约合41.6亿美元）建设11所医院和医疗中心，占预算支出的11.3%[①]。

对于没有收入的家庭，阿曼社会保障体系还依据社会保障法提供帮助，按月发放救济金。接受救济的对象主要为孤儿、残疾人、丧偶者、离婚妇女、未婚少女、老人和监狱犯人的家属。2014年政府共实施了84 919次救助，总金额为1.32亿阿曼里亚尔。除此之外，阿曼还向180 848人发放了社会保障养老金，占总人口的7.9%。阿曼的残疾人还享受国家的特殊照顾，如：停车免费；个人机动车、家用物品和阿曼国家运输公司的公车费都可以打折；阿曼航空、海湾航空、科威特航空、沙特航空、卡塔尔航空和阿联酋航空等公司的残疾人机票都有50%的折扣。除社会保障救济金外，国家还设立了家庭自然灾害

---

① 中华人民共和国商务部，http://www.mofcom.gov.cn/article/i/dxfw/gzzd/201501/20150100857558.shtml。

基金。2014年共有1 059例灾情发生，救助款为36.87万阿曼里亚尔[①]。

1994年，阿曼开始设立普通职业资格培训，旨在让阿曼人掌握就业技能。截止到2016年，共在锡卜、萨哈姆、伊卜里、苏尔、什纳斯、布赖米、哈布拉和萨拉拉建立了8所公立职业培训中心，其中哈布拉及萨拉拉两个中心主要从事渔业培训。目前阿曼对手工劳动者有一种两年制培训课程，主要培训电动车和机动车维修、电工、电子产品、冰箱、空调、机械、木工和建筑等技能。2014—2015年度注册生3 439名[②]。

第五节 税务概况

阿曼的税制相对简单，种类不多且税率较低。当前阿曼主要税种为海关税和公司所得税，一般进口商品的关税为5%。对与伊斯兰教教义相左的商品征收100%的关税；烟草制品的税率为75%。阿曼公司所得税根据不同的情况有不同的税率：

（1）对于收入在3万阿曼里亚尔（约合7.8万美元）以下的，阿曼100%的全资公司和企业进行免税；超过3万阿曼里亚尔以上的部分收入，按12%的比例征税；3万~17万阿曼里亚尔的收入部分税率为5%，17万阿曼里亚尔以上的收入部分税率为7.5%。

（2）对于收入在13万阿曼里亚尔以内的、外国资本不超过90%的公司和企业税率为15%，13万~28万阿曼里亚尔的收入税率为20%。当收入超过28万阿曼里亚尔时税率将增加到25%。

（3）对于年收入不超过50万阿曼里亚尔的、外国资本超过90%的公司和企业税率为45%，超过50万阿曼里亚尔时，税率则增加到50%。

阿曼规定某些行业的企业可享有5年的免税期，涉及矿产、出口、旅游、农业和农产品加工、渔业等领域。目前阿曼少数外资和当地企业合资建成的公司所得税税率为12%，以外资为主与阿曼企业合资的公司所得税税率为25%，外资独资公司的所得税税率为50%[③]。

---

① Sultanate of Oman Ministry of Information, Oman 2015, pp.215-216.
② Sultanate of Oman Ministry of Information, Oman 2015, p.213.
③ EIU网站，2006年阿曼投资环境。

第十章 中阿政治友好关系的发展

第一节 古代中阿政治往来

阿曼和中国有着悠久的交往历史。中古时期，中国的商船经常远航印度洋，阿曼的帆船也常常航行于海湾和南海之间。中国与阿曼往来的最早历史记录是在汉代，中国货物曾经运销苏哈尔。古代阿曼与中国经贸交往的物品一般都是农牧业产品，阿曼运到中国的物产中有乳香、椰枣，还有珍珠和良马。乳香通过阿曼南部的佐法尔从海路运到中国，以乳香贸易为代表的特色地方产品将中国和阿曼的商贸关系紧紧联系在一起。公元三四世纪时，椰枣树已见于中南半岛，唐代更由波斯人、阿曼人移植到广州，称波斯枣，实际上最初是从东非和阿曼经过海上传入中国的。椰枣在岭南的繁殖，是中国和阿曼经济交往和园艺科学技术交流的历史见证。南北朝时期，阿曼的商人到洛阳从事丝绸贸易。

自507年以来，中国与阿曼一直维系着直接的贸易关系。唐朝初年，阿拉伯帝国尚未建立，阿曼则由于传统的政治关系被当作波斯的一部分。当时阿曼和中国海上往来频繁，阿曼商人络绎不绝地来到中国南部沿海，其在中国最大的侨居地便是广州。8世纪中叶，阿曼伊巴德商人从海上来到中国。到879年，广州和苏哈尔、佐法尔之间的商业往来达到了极盛。同年9月，黄巢率领起义的农民军攻入广州城，侨居广州的穆斯林、犹太教徒、基督教徒和祆教（拜火教）徒都受到了牵连，伤亡12万人。此后，两国的商业往来减少。北宋建立后，实行奖励海外贸易的经济政策。中国和阿曼的友好关系从10世纪中叶到12世纪上半叶进入了第二个高潮时期，此时不仅阿曼南部的佐法尔成了中国帆船经常到访的海港，苏哈尔和广州也彼此通航，恢复了直接贸易。苏哈尔被誉为通往"中国的门户"，苏哈尔到广州的航线则被称为"香料之路"。

元朝建立以后，中国和伊尔汗国的海上交通发展迅速，与阿曼的贸易也有了新的起色。当时阿曼向中国出口的物产不仅有乳香、龙涎香和木香，还有马匹、珍珠、椰枣等农牧渔业产品。明朝初年，郑和率领船队七下西洋而威震印度洋，中国与印度洋国家展开了规模宏大的贸易和外交活动，也拉开了中国与阿曼友好往来的新一阶段序幕。郑和在第一次航行(1405年12月—1407年9月)中便穿过阿拉伯海到达佐法尔和霍尔木兹等地。第三次航行(1409年12月—1411年6月)时，船队也到过佐法尔，还访问了阿曼以北的霍尔木兹和巴林地区哈萨海岸。以后，在第六次航行(1421年12月—1422年8月)和第七次航行(1431年1月—1433年7月)中，船队都到达过佐法尔。这期间，霍尔木兹成为中国船队每次必到的地方，佐法尔也成了中国船只在印度洋西部的重要停靠港口。佐法尔地区也多次派使者来到中国，1421年，佐法尔使者随霍尔木兹、亚丁等16国使节团到北京。1423年，再度参与16国使节团来华，人数多达1 200人。1433年，佐法尔国王阿里又派使者赴北京，到1436年才和亚丁、霍尔木兹等使节一同回国。此后，由于种种原因，中国与阿曼的直接交往逐渐陷入停顿。

第二节　中国与阿曼外交关系的建立

1949年中华人民共和国建立后的十余年中，中国与包括阿曼在内的海湾和阿拉伯半岛地区国家在外交上一直未能取得突破性进展。20世纪50年代末，中国与苏联盟友关系破裂，海湾地区开始成为中国外交的重点之一。在此期间，双方还有一些间接的贸易往来，主要是阿曼进口一些中国的商品。

1976年佐法尔战争结束以后，两国外交往来的最大障碍被清除。1978年5月，阿曼苏丹国与中国在伦敦签署建交协议，其中声明：

"1978年5月25日，中华人民共和国政府和阿曼苏丹国政府决定建立大使级外交关系，并互换大使。中华人民共和国坚决支持阿曼苏丹国政府维护国家利益，发展经济。阿曼苏丹国政府认同中华人民共和国是中国人民的唯一合法政府。两国政府同意在互相尊重国家主权和领土完整，互不侵略和不干涉内政，平等互利以及和平共处的原则上发展两国的友好关系。"《人民日报》为此发表了专题社论："阿曼位于阿拉伯半岛南岸，具有重要的战略位置，它也是联系海湾和印度洋的门槛。阿曼历史上遭受了帝国主义和殖民主义的侵略和压迫，为了赢得国家的独立，阿曼人民进行了反帝、反封的斗争。今天，阿曼人民仍致力于捍卫国家独立、发展民族经济。在外交政策方面，阿曼遵循中立和不结盟的原则。阿曼坚持在海湾国家之间实现统一和合作，反对大国在这里的争夺。这一切都得到了中国政府和人民的支持。"社论还强调了中国政府对海湾国家的立场："中国政府一再声明，所有国家，不论大小都是平等的主体。每个国家都可以根据自己的愿望，选择自己的政治和经济发展模式。我们希望在相互尊重国家主权和领土完整、互不侵略、互不干涉内政、平等互利、和平共处的基础上建立友好关系。中国和阿曼外交关系的确立为两国诸多领域的合作开辟了广阔的前景，它也有助于中国与阿拉伯国家和人民进一步发展友好关系。"1978年4月，中国第一任驻阿曼大使袁鲁林抵达马斯喀特就职；卡布斯任命苏伯西（Subayhi）为阿曼驻中国大使；同年6月，阿曼外交事务主管大臣扎瓦维（Zawawi）访问中国。

对于阿曼与西方国家的政治、经贸、军事等合作，中国认为是阿曼国家的内政，始终抱着不干涉的态度。苏联入侵阿富汗以后，中国政府欢迎美国和阿曼缔结军事协议以及对阿曼军队的援助。中国支持阿曼与英国签署协议，由英国向阿曼提供更多的武器，包括喷气式战斗机、导弹和扫雷艇。中国赞成阿曼对苏联入侵阿富汗的立场和声明。1980年7月21日的《北京日报》指出："阿曼在反对霸权主义立场上旗帜鲜明，公开谴责苏联的入侵和扩张政策，认为苏联的南部战略威胁了阿曼和其他国家与世界。"

第三节　建交以来的中阿政治交往

中阿双方正式建交并互派大使以来，两国的高层官员互访从未间断。从1980年以来，两国领导人进行了频繁的互访，促进了两国关系的发展。

20世纪80年代：1980年10月，中国副总理姬鹏飞访问阿曼；1982年，阿曼副首相法赫尔（Fahr）访问中国；1983年10月，中国国务委员兼外交部部长吴学谦访问阿曼，并正式邀请卡布斯苏丹访问中国；1984年7月，卡布斯苏丹的特别代表赛义德·苏维尼（Thuwainu）访问中国。11月，中国司法部部长邹瑜访问阿曼。12月，由中国人民解放军副总参谋长何正文率领的军事代表团访问阿曼。此后，阿曼和中国的军事贸易额增加。1985年11月，中国副总理姚依林访问阿曼，并参加阿曼国庆15周年庆典；1986年7月，阿曼外交事务主管大臣阿拉维访问中国；1987年3月至4月，阿曼劳工和社会事务大臣穆斯塔赫·本·艾哈迈德·马欣（Mustahil b. Ahmad Maashin）访问中国；1988年9月，阿曼外交部次大臣海沙姆（Haitham）访问中国，赞扬了中国对两伊战争所持的外交立场以及所发挥的积极作用；1989年12月，中国国家主席杨尚昆访问阿曼。杨尚昆表示中国赞赏阿曼的外交政策，强调中国和阿曼在国际事务上有共同的看法。卡布斯苏丹感谢中国在通过联合国安理会第598号决议中所起的重要作用。

20世纪90年代：1991年7月，阿曼民族遗产和文化大臣费萨尔访华，参加阿曼"苏哈尔号"仿古木船航抵广州的十周年庆祝活动，并主持"阿曼文化周"活动。11月，中国文化部代部长贺敬之访问阿曼，主持"中国文化周"活动。1999年，中国全国人大常委会委员长李鹏率领的代表团和全国政协主席李瑞环率领的代表团分别访问阿曼。

21世纪以来：2000年1月，中国副外长吉佩定访问阿曼，会见了阿曼外交事务主管大臣阿拉维，转交了江泽民主席致卡布斯苏丹的亲笔信，并与阿曼外交部代理次大臣巴德尔进行政治磋商。7月，阿曼武装部队参谋长卡勒巴尼中将访问中国，与中央军委副主席、国务委员兼国防部部长迟浩田上将、傅全有总参谋长举行会谈。10月，外经贸部副部长孙广相率中国政府经贸代表团访问阿曼，与阿曼工商部次大臣阿里共同主持了第四届中阿经贸混委会议，签署了会议纪要。10月31日，江泽民主席在人民大会堂接受阿曼新任驻华大使侯斯尼递交的国书。11月6日，中国新任驻阿曼大使赵学昌向卡布斯苏丹递交了国书。

2001年4月，外交部部长助理张业遂率中国政府代表团出席在阿曼首都马斯喀特举行的环印度洋地区合作联盟第三届部长理事会会议。阿曼外交事务主管大臣阿拉维会见了张业遂部长助理一行。同月，应中国外经贸部部长石广生邀请，阿曼石油和天然气大臣鲁姆希访华。国务委员吴仪会见了他，石广生部长与其进行了会谈。6月，阿曼外交次大臣巴德尔访华。外交部部长唐家璇会见了他，外交部副部长杨文昌与巴德尔举行了中阿外交部第十三轮政治磋商。9月，值阿曼"苏哈尔号"仿古木船驶抵广州20周年和中国国庆52周年之际，阿曼驻华大使侯斯尼向杨文昌副外长转交了阿曼苏丹卡布斯赠送给江泽民主席的"苏哈尔号"船模型。10月，江泽民主席致函卡布斯苏丹，表示感谢。

2002年3月，卡布斯在阿曼东南部城市萨拉拉会见了中国国务委员吴仪，希望同中国在政治、经济、贸易等各个领域进一步发展关系和合作。吴仪还向卡布斯苏丹转交了中国国家主席江泽民的亲笔信。吴仪还会见了阿曼内阁事务副首相法赫德，同他就进一步发展双边关系和一些共同关心的地区问题交换了意见。

2003年10月23日，中共中央政治局常委、中央纪委书记吴官正会见了阿曼内阁事务副首相法赫德，表明双方互利合作进入了新的发展阶段。12月5日，中国国家副主席曾庆红会见了阿曼外交事务主管大臣阿拉维，双方就一些国际问题交换了意见。

2004年1月，中国国家宗教局局长叶小文访问阿曼并分别会见了阿曼副首相法赫德和宗教事务大臣萨利米。6月，中国外交部部长李肇星在青岛会见了前来参加亚洲合作对话第三次外长会议的阿曼外交事务主管大臣阿拉维，双方签署了《中阿两国外交部战略磋商谅解备忘录》。7月，阿曼国民经济兼财政事务大臣马基参加海湾合作委员会联合代表团访问中国。9月，中国外长李肇星访问阿曼，会见了阿曼苏丹卡布斯和国民经济大臣马基，并与外交事务主管大臣阿拉维举行了会谈。

2005年6月，中国国务院副总理曾培炎访问阿曼，与阿曼副首相法赫德举行会谈，双方签署了能源、通信等领域的合作协议。9月，

第十章　中阿政治友好关系的发展

阿曼副首相法赫德访问中国，会见了中国国务院总理温家宝和副总理曾培炎。中国国家副主席曾庆红与法赫德举行会谈，双方就双边关系及共同关心的国际和地区问题交换了意见。11月，阿曼教育大臣叶海亚来华出席联合国教科文组织第五届全民教育高层会议。中国北京大学校长许智宏访问阿曼。12月，中国人民对外友好协会会长陈昊苏访问阿曼，促进了两国人民的友好交往与合作。

2006年2月，中国外交部副部长吕国增访问阿曼，举行两国外交部首轮战略磋商。5月，阿曼外交次大臣巴德尔来华出席中阿合作论坛第二届部长级会议。6月，中共中央政治局委员、广东省委书记张德江访问阿曼。4月，阿曼旅游大臣拉吉哈访问中国，与中国国家旅游局签订了《关于中国旅游团赴阿曼旅游实施方案的谅解备忘录》。6月，阿曼文化与遗产部次大臣苏尔坦率团来华参加阿拉伯艺术节。阿曼奥委会青年代表团访问中国。11月，阿曼卡布斯大学校长纳赛尔访问中国。

2007年3月，阿曼外交次大臣巴德尔访问中国，两国外交部举行第二轮战略磋商。11月8日，中国全国人大常委会副委员长司马义·艾买提访问阿曼，并与阿曼内阁事务副首相亲切会见。9日，司马义·艾买提分别与阿曼国家委员会主席和阿曼协商会议主席展开会谈。双方就进一步促进双边关系和立法机构间的交流深入交换了意见[①]。

2009年11月12日，中共中央政治局委员、全国人大常委会副委员长王兆国在阿曼首都马斯喀特会见阿曼国家委员会主席时指出，中阿两国有着历史悠久的友好合作，两国在各领域的友好合作已平稳发展30年。此外，中国全国人民代表大会和阿曼国家委员会有着紧密联系。中国重视发展与阿曼的外交关系，愿进一步扩大人员交流，深化务实合作，加强在国际和地区事务中的沟通与协调，推动双边关系不断取得新进展。

2010年5月，阿曼外交部高级官员出席了第四届中阿合作论坛部长级会议。2010年11月6日，应阿曼协商会议的邀请，中国人民政治协商会议主席贾庆林开始了对阿曼的国事访问。8日，他与阿曼协商

---

① 此段及2009、2010年中阿外交日程皆引自阿卜杜拉·萨利赫·萨乌迪：《新中国与阿曼关系的历史与现状》，《阿拉伯世界研究》，2012年第4期，第68页。

会议主席展开会谈。双方就共同关心的问题、增进中阿关系等深入交换了意见并达成一致。会后，贾庆林出席了两国建造郑和纪念碑的奠基仪式，并签署了关于人力资源培训和促进双向投资合作的文件。9月27日，中阿贸易论坛在上海召开，有50家企业的代表，超过250位中国商界人士针对阿曼快速发展的新阶段和如何寻找双边贸易机遇等话题展开讨论[1]。

2011年9月5日，中共中央政治局委员张高丽率代表团访问阿曼；张高丽在会见巴德尔时表示：感谢不久前率中共代表团访阿时受到的热情接待。中阿关系深入发展，政治互信日益牢固，交流合作富有成果。我们愿同阿方共同努力，推动双边关系迈上新台阶。相信随着相互了解的加深，双方的交往一定会更加频繁，务实合作一定会取得新的更大成效。巴德尔表示，您对阿曼的友好访问取得了圆满成功，推动了双边关系的发展。阿方珍视与中方的友谊，愿与中方一道，加强在国际和地区事务中的沟通协调，全面加强各领域的务实合作[2]。

2012年12月12日，阿曼外交部秘书长巴德尔会见了中国外交官代表团，巴德尔秘书长表示，很高兴能在2012年12月12日这个吉祥的日子会见中国外交官代表团。他说，中国外交官代表团是根据两国外交部战略磋商达成的协定成行的，这必将有助于推动双边关系深入发展，加深两国外交官的了解和交往。巴德尔秘书长高度赞扬两国在各个领域的友好合作关系全面发展，惠及两国人民[3]。

2013年1月30日，中国外交部副部长翟隽在阿曼首都马斯喀特与阿曼外交部秘书长巴德尔举行了两国外交部第七轮战略磋商，双方就双边关系及共同关心的国际和地区问题交换了意见[4]。

2014年4月15日，中国外交部部长王毅在北京会见来华参加中国与阿曼外交部第八轮战略磋商的阿曼外交部秘书长巴德尔。王毅表示，中方高度重视发展同阿曼的友好合作关系，希望阿方继续为推动

---

[1] Chen Xiaoxun, "Oman Welcome China's Metallurgical Enterprises to Invest", China Metallurgical News, October 12, 2010, A2.
[2] 中国共产党新闻网，http://cpc.people.com.cn/GB/64093/64094/16697695.html。
[3] 中华人民共和国外交部，http://www.fmprc.gov.cn/mfa_chn/。
[4] 和讯网，http://news.hexun.com/2013-01-31/150780171.html。

重启中海自贸区谈判并早日达成协议发挥重要作用,积极参与"丝绸之路经济带"和"21世纪海上丝绸之路"建设,欢迎阿曼外交事务主管大臣阿拉维出席6月在北京召开的中国与阿拉伯国家合作论坛第六届部长级会议。巴德尔表示,阿方愿进一步推动两国各领域友好关系发展,支持尽早重启中海自贸区谈判并达成协议,高度赞赏并愿积极参与中国领导人提出的建设"一带一路"和筹建亚洲基础设施投资银行的倡议,将积极参加中阿合作论坛第六届部长级会议,与中方一道推动阿中关系向前发展①。10月24日,阿曼政府代表在北京正式签署《筹建亚洲基础设施投资银行备忘录》,并成为亚投行的创始成员国。

2015年6月29日,阿曼政府代表在北京签署《亚洲基础设施投资银行协定》,在此之前该协定相关条款已在阿曼国内完成了审批程序,这标志着阿曼正式成为亚投行运行的第一批50个会员国之一。

2016年6月1日,全国人大常委会委员长张德江在北京人民大会堂会见阿曼协商会议主席马阿瓦利。张德江表示,中国与阿曼传统友谊源远流长。建交38年来,两国关系发展顺利,各领域合作成果丰硕。习近平主席提出的"一带一路"倡议为中阿合作搭建了新的平台。阿曼是阿拉伯及中东地区的重要国家,在共建"一带一路"中,拥有独特的地缘优势。下一阶段,双方要把握机遇,不断增进政治互信,加强发展战略对接,扩大人文合作,推动两国关系取得更大发展。张德江说,中国全国人大愿同阿方共同努力,建立更加紧密的合作关系,加强经验交流,推动务实合作,厚植中阿传统友谊,为两国关系发展做出积极贡献。马阿瓦利表示,阿中关系发展势头良好,阿曼协商会议愿进一步密切与中方的交流合作,为两国各领域交往合作和阿中关系的发展发挥作用②。8月18日,中国驻阿曼大使于福龙会见阿曼遗产和文化部次大臣马赫鲁基,双方就中阿文化合作问题相互交流。

---

① 凤凰资讯,http://news.ifeng.com/gundong/detail_2014_04/15/35784146_0.shtml。

② 《人民日报》,2016年6月2日,第01版。

第十一章　中阿经贸合作及投资问题

第一节　中阿经贸合作历史发展

中国和阿曼自1978年建交以来，经济技术合作有了一定的发展。中国向阿曼出口的主要商品是机械设备、粮油食品、服装、小五金，两国贸易额不断增长，中国向阿曼的出口额由1976年的585万美元快速增长到1983年的906万美元、1986年的1 000万美元。自1993年起，我国石油消耗量猛增，从2万桶/日增加到1996年的10万桶/日。同年，阿曼成为中国第三大石油进口国，同时开始向中国出口液化天然气，并在沿海建设了天然气接收终端。1997年，阿曼从中国的进口额为5 019.2万美元，占阿曼进口总额的0.99%，比1996年增长近30%。1998年，由于受到油价下跌和中国减少进口原油的影响，中阿两国贸易额下降45.3%，约7.5亿美元。但1998年，中国对阿曼出口达3 942万美元，创历史最好水平。1999年两国贸易额跌至6.6亿美元[1]。

21世纪以来，随着中国国力的提升，两国经贸关系更是得到突飞猛进的发展。中国自2003年起成为阿曼石油的第一大进口国，其次是日本、泰国和新加坡[2]。自2002年起，中国与阿曼贸易保持逆差，2004年，两国贸易额达到43.9亿美元，其中阿曼向中国出口达42.8亿美元，进口1.1亿美元。2005年两国贸易额为43.3亿美元，其中中国

---

[1]　黄培昭:《中国和阿曼关系》，《阿拉伯世界》，2000年第2期，第14页。

[2]　Muhamad S. Olimat, China and the Middle East Since World War Ⅱ, London: Lexington Books, 2014, p.165.

进口额41.3亿美元，主要是原油；出口额1.91亿美元，主要是机电产品、钢铁及其制品、高新技术产品、纺织品等。2006年两国贸易额上升至64.7亿美元，其中中国进口61.3亿美元，出口3.4亿美元。

2013年，阿曼总共出口了3.042亿桶原油，其中大约1.808亿桶出口到中国。2014年，阿曼是中国在阿拉伯地区第四大贸易伙伴。当年双边贸易额258.7亿美元，同比增长12.9%，其中，中方出口20.6亿美元，进口238.1亿美元，同比分别增长8.6%和13.3%。中方出口商品主要为机械设备、电气及电子产品、计算机与通信技术产品；进口商品主要为原油。2015年1月至9月，中阿双边贸易额为132.9亿美元，同比下降32.8%，下降原因主要是世界原油价格下跌拉低中国原油进口价格。具体数据为，中方出口16.1亿美元，同比增长7%，进口116.8亿美元，同比下降36.1%。2015年，我国从阿曼进口原油3 207万吨，同比增长7.4%；2016年上半年，中国继续在阿曼原油主要进口国中保持领先地位，占比份额高达73.03%，为1.201 8亿桶[1]。2016年4月，阿曼原油和凝析油总产量为2 982.9万桶，平均每天994 303桶，环比增长1.57%；出口原油总量达2 698.9万桶，平均每天899 637桶，环比下降2.86%；对中国石油出口量环比下降4.16%。为了拓展经贸关系，阿曼与中国签署了防止双重征税协议。

两国经贸合作发展顺利。2015年，双边贸易额达172亿美元，其中中方出口21亿美元，进口151亿美元，同比分别下降33.5%、增加1.4%、下降36.5%。其中，我国出口主要为机电产品、钢铁及其制品、高新技术产品、纺织品等；进口主要为原油[2]。2016年3月22日，中国阿曼经济、贸易和技术合作联合委员会第八次会议在阿曼首都马斯喀特举行，中国商务部副部长钱克明与阿曼商工部次大臣迪布共同主持会议，并签署了会议纪要。中国驻阿曼使馆经商处表示，双方就加强两国在贸易、投融资、基础设施、人员培训、产业园区、物流和渔业等领域合作交换了意见。近年来，中国与阿曼经贸关系取得了长足发展，2015年两国贸易额达171.9亿美元，阿曼目前已成为中

---

[1] 中国石油新闻中心，http://news.cnpc.com.cn/system/2016/07/29/001602924.shtml。

[2] 中华人民共和国外交部，http://wcm.fmprc.gov.cn/pub/chn/gxh/cgb/zcgmzysx/yz/1206_1/1206x1/t6217.htm。

国在中东地区第四大贸易伙伴①。

第二节　中国与阿曼未来经贸及产业合作相关领域

随着世界经济全球化的深入发展，我国的产能及技术优势的提升，阿曼国内经贸相关领域迅速增长的需求，中国与阿曼未来经贸及产业合作具有很大的契合度，两国经贸合作的前景极好。综合近年来阿曼相关市场及产业的诸多信息，以及我国技术及产能的优势产业，中国与阿曼未来经贸及产业合作有以下四大领域。

第一，矿产领域。阿曼储藏着相对丰富的矿产资源，但是长期以来阿曼本国的生产技术不能达到相关标准，且多与西方公司合作后采取原材料出口的方式进行矿产贸易，商品附加值相对低下。根据阿曼官方报纸《观察家报》的报道，阿曼目前正在大力寻求矿产行业的发展，并于2017年1月中旬在阿曼会展中心举办矿产和矿业展销会。阿曼矿业的龙头企业——国营阿曼矿业公司则期待与国际知名矿业公司或投资机构合作，就金铜矿床开发项目向多家国际知名企业发出投资和合作邀请，并着力提升石灰岩、有色金属等矿产的勘探开发技术，谋求建设冶炼厂等下游产业，增加阿曼矿产行业的贸易附加值②。

第二，渔业领域。阿曼渔业资源丰富，但捕鱼船只以及仓储设施仍有很大的提升空间，且在渔业贸易领域需要同世界不同国家进行合作。阿曼国家数据信息中心数据显示，2015年阿曼鱼类产量大幅提高至257 172吨，比2014年提高了45 847吨，同比增长22%；渔业出口量同比增长42%，达到了110 579吨，出口收入为4 890万阿曼里亚尔。其中，新鲜鱼类出口量同比增长93%至38 559吨，冷冻鱼类出口量同比增长34%至65 591吨，壳类软体海鲜出口量翻倍达到4 963吨。新鲜鱼类出口量激增的主要原因是海湾国家需求增长，出口到海湾国家鱼类总量从22 676吨增至40 486吨，同比增长79%，占阿曼鱼类总出口量的37%，其中一半出口至阿联酋。冷冻鱼类主要大量出口至欧

---

① 新华网，http://news.xinhuanet.com/world/2016-03/22/c_1118409843.htm。
② 阿曼《观察家报》英文网，http://omanobserver.om/。

美国家①。阿曼渔业贸易不仅仅局限于本国市场，还是面向海湾及西方国家渔业贸易的跳板，在渔业产品加工及销售方面，中国与阿曼存在很大的合作潜力。我国商务部投资项目信息库显示，目前我国以股权投资的形式在阿曼建有一家渔业加工厂，投资总金额422万美元，项目基本操作情况为从当地或国外采购鲜鱼或冻鱼并运输至加工厂，根据鱼的品种和大小进行分类，对鱼类进行清洗加工，对加工后的鱼类进行包装、贴牌②。

第三，物流领域。阿曼地理位置优越，随着基础设施数量与质量的提升，其物流业势必成为经济多元化的引擎之一。根据阿曼《观察家报》的报道，阿曼政府拟进一步加大在交通和物流领域的投资，以期在2020年实现物流业创造就业岗位8万个、产值78亿美元的发展目标，落实该国第九个五年发展计划③。除此之外，依据"阿曼2040展望"④，以及此前制定的《2040阿曼苏丹国物流业战略》（Sultanate of Oman Logistics Strategy, SOLS 2040），阿曼政府于2016年6月设立了新的国有控股公司——阿曼环球物流集团（Oman Global Logistics Group, OGLG），负责阿曼所有海港、自由区的建设与开发。2016年11月底，阿曼机场管理公司与敦豪速递公司（DHL Express）签署了谅解备忘录，就发展阿曼各大机场间物流业、物流服务业等问题达成一致意见，阿曼政府将出资成立阿曼国际物流集团，在敦豪速递公司的支持与协助下大力发展航空及货物运转，突出阿曼作为连通世界的物流中心作用⑤。除国际物流领域外，阿曼国内尤其是地区物流产业的缺口极大，且基本没有运营的相关经验，而地区及国内物流正是我国物流企业的优势所在，可以弥补阿曼物流业的不足，并建立相应的行业规范，有利于拓展整个海湾地区市场。

① 中华人民共和国驻阿曼大使馆经济商务参赞处，http://om.mofcom.gov.cn/article/ztdy/201609/20160901390278.shtml。
② 中华人民共和国商务部投资项目信息库，http://project.mofcom.gov.cn/1800000091_1_62971_0_7.html。
③ 阿曼《观察家报》英文网，http://omanobserver.om/。
④ Ministry of Information Sultanate of Oman, Oman 2015, www.omaninfo.com, p.262.
⑤ 中华人民共和国商务部，http://www.mofcom.gov.cn/article/i/jyjl/k/201611/20161101992234.shtml。

第四，零售及农业食品领域。我国被称为世界工厂，大量玩具、小商品等商品从中国生产销往世界。同时，中国还是农业和食品大国，有着丰富的农业生产和食品加工、贮藏等经验。在零售及农业、食品领域，中国与阿曼的合作越发广泛。在零售业小商品领域，以玩具为例，2009年阿曼的玩具市场规模约1 812万美元，经过几年的发展便超过了2 000万美元，且几乎全部为进口产品。中国是阿曼的第二大玩具进口国，经济潜力巨大。但需要注意的是，从2011年开始阿曼正式实行海湾国家通用的玩具质量验证系统，此后阿曼进口的每一批玩具均需要出具一份证书，证明其品质符合577/1995GSO标准和安全要求，通过验证之后，才能入境并投放市场①。除玩具业外，阿曼零售业也实行海湾国家通用的质量标准，这对我国企业进入阿曼市场带来了挑战，但也提供了机遇：一来可以提升产品质量，二来能够立体进入整个海湾地区市场之中。就农业食品领域而言，我国海产品大多以韩国等国家为主要销售市场，但随着以上市场的萎缩和"一带一路"倡议如火如荼地展开，我国海产品开始销往中东地区。2015年9月，浙江省的冻煮贻贝经过检验，顺利出口阿曼。除此之外，张家口某企业生产的高活性干酵母也首次出口到阿曼。这些事例为我国发挥自身下游加工优势，打入阿曼等海湾国家市场提供了借鉴意义。

第三节　中国对阿曼投资情况

21世纪以来，随着中国与阿曼经济互动的不断升温，经贸合作的维度得到扩展，不再单纯聚焦于石油、天然气等产品的双边贸易，进一步向经贸合作的纵深发展，即中国对阿曼的投资意向逐渐加强。从投资契合度上看，中国对阿曼的投资是一种双赢的经贸行为：其一，阿曼作为世界贸易组织成员，有着较好的投资环境，有利于中国对阿曼的各项投资收益；其二，阿曼对于投资有着较高的期待，既有利于阿曼国内技术产业升级，又能够提供充裕的资金，对阿曼经济体系的发展与完善具有重要意义；其三，阿曼当前正在努力发展基建、工

---

① 中华人民共和国驻阿曼苏丹国大使馆经济商务参赞处，http://om.mofcom.gov.cn/article/ztdy/201101/20110107360530.shtml。

业、物流、渔业、旅游等产业,以上正是我国的优势产业,具有契合性和互补性;其四,"一带一路"倡仪提出以来,为中国优质产业和产能向阿曼输送,增进对阿曼各项投资,助推阿曼经济多元化,提供了切实可行的框架。

近年来,中国对阿曼直接投资大幅增长。2005年,中国对阿曼的直接投资流量仅为522万美元,2011年达到951万美元[①],2013年之后更是突破千万美元并实现直接投资流量翻番。就其他投资指标而言,2004年年底中国对阿曼直接投资存量仅为1万美元,2005年便达到653万美元。2008年,中国对阿曼直接投资存量为1 422万美元,2010年突破2 000万美元,达到2 111万美元,2011年的直接投资存量为2 938万美元[②]。2014年年底,中方在阿非金融类直接投资存量为4 700万美元,主要为承包工程企业分支机构的注册资本;阿曼在华投资项目10个,实际投资1 323万美元,主要投向石油化工领域。2015年1月至9月,中方对阿曼新增直接投资280万美元[③]。2015年年底,中国对阿曼投资共20亿美元,两国贸易实现172亿美元。

从投资指向上看,当前我国对阿曼的投资主要集中在工业和基础设施建设领域,这些也是目前阿曼最需要投资的领域,对阿曼经济发展质量的提升与多样化经济战略的实施具有重要作用。最有代表性的是中国对阿曼规划的杜格姆工业区的投资合作。杜格姆工业区是阿曼经济多元化战略的重要一环,该工业区位于阿曼东部,面向阿拉伯海,地理位置优越。该项目以阿曼经济发展战略和具体规划为基础,结合阿曼所需的项目细节,由中国进行投资到项目落实的整体性投资服务,达到双方合作互利的良好投资效果,被视为中国对阿曼具体投资的典范。

---

① 中华人民共和国商务部、中华人民共和国国家统计局、国家外汇管理局:《2011年度中国对外直接投资统计公报》,北京:中国统计出版社,2012年版,第28页。

② 中华人民共和国商务部、中华人民共和国国家统计局、国家外汇管理局:《2011年度中国对外直接投资统计公报》,北京:中国统计出版社,2012年版,第35页。

③ 中华人民共和国驻阿曼苏丹国大使馆经济商务参赞处,http://om.mofcom.gov.cn/article/zxhz/201505/20150500971722.shtml。

根据阿曼官方的有关报道，2016年5月，阿曼政府与中国企业签署了合作建设杜格姆工业区的投资协议，中方投资的总规模达到107亿美元（约合701.22亿元人民币）。

据法国国际广播电台2016年5月24日报道，法新社援引来自阿曼官方消息，阿曼在当地时间5月23日与中国企业签署了一项建设杜格姆港工业区的投资协议。据阿曼政府所公开的协议内容看，中国企业对杜格姆港工业区的投资将于2022年前全部到位，包括修建一座日处理原油23万桶的石油提炼厂等。此外，中阿双方将合建水泥厂、石油化工厂与太阳能企业等多个项目[1]。

就中国与阿曼双方之间的投资合作意向而言，近年来随着阿曼经济转型的深入与我国"一带一路"倡议的提出与推行，中阿双方的投资合作意向不断升温，主要体现在高层与地方的访问交流不断、制度性框架逐步建立。2013年6月，中国驻阿曼苏丹国大使吴久洪会见阿曼投资局局长法里司。法里司向吴久洪大使介绍了阿曼的招商引资政策，强调阿曼是一个自由、开放的国家，并在能源、物流、制造和加工、旅游等领域对投资者提供优惠的政策及待遇。外国企业在阿曼自贸区和高科技开发区可享受免税、减税等相关政策，同时也与欧美国家贸易配额的待遇相同。法里司真诚欢迎中国企业来阿曼投资兴业[2]。

就地方层面而言，主要以各省市及民间企业为主体的中阿双方关于投资贸易的交流访问更具实效。2016年5月，由阿曼商工会、中国人民对外友好协会、上海市国际贸易促进委员会、上海市人民对外友好协会与上海市工商业联合会共同举办的中国阿曼企业家洽谈会在上海召开，阿曼苏丹国驻华大使阿卜杜拉·萨阿迪、阿曼商工会主席赛义德·基尤米出席了洽谈会。此外，来自中国与阿曼的130余名企业代表针对中阿双方的贸易、医疗、教育、食品、金融、房地产、港口服务、交通运输、石油天然气等多个领域进行了洽谈。中阿双方通过此次洽谈会，分别在四个方面达成初步意向，阿方将进一步加强对中国市场的宣传力度；双方拓展合作领域，从石油向旅游业、服务业、

---

[1] 参考消息网，http://finance.cankaoxiaoxi.com/bd/20160524/1169733.shtml。
[2] 中华人民共和国商务部，http://www.mofcom.gov.cn/article/i/jyjl/k/201306/20130600171758.shtml。

物流交通运输业等方向延伸；阿方将在中国建立阿曼商会代表处[①]。除上海外，宁夏、辽宁等也纷纷发挥自身产业优势，对阿曼不同行业领域进行有针对性的投资。

从制度性框架上看，中国对阿曼经贸投资规范性逐渐提升，近年来围绕"一带一路"倡议的推行，中阿双方投资的制度性框架已然建立。首先，双方的贸易投资交流民间机构，如2010年成立的中国阿曼友好协会及即将建立的阿曼商会中国代表处等，为两国投资合作注入了良性发展的动力。其次，阿曼是中国"一带一路"倡议的亚洲基础设施投资银行的创始成员国，此外中国设立的"丝路基金"等都将为阿曼的基础设施建设进行关键投资，帮助阿曼升级产业模式及能力。2017年1月16日，亚洲基础设施投资银行与阿曼杜格姆经济特区管委会签署贷款协议，该协议规定为建设杜格姆港商用码头终端建设，亚投行将向阿曼提供2.65亿美元贷款，期限20年，此笔贷款将为推进特区配套商港建设发挥重要作用[②]。最后，阿曼国内的招商引资法律法规逐步修订完善，并提出了更多的优惠条件，势必为中国对阿曼投资提供助力。

[①] 东方网，http://sh.eastday.com/m/20160516/u1ai9376177.html。
[②] 中华人民共和国驻阿曼大使馆经济商务参赞处，http://om.mofcom.gov.cn/article/jmxw/201701/20170102503247.shtml。

第十二章　中阿经贸投资合作需注意的问题

中国与阿曼的经贸合作近些年取得了突飞猛进的进展。自从中国石油集团2002年成功进入阿曼石油勘探开发领域后，我国企业实施的"走出去"战略取得一个又一个新的突破，纷纷中标石油物探、油田服务、通信、道路建设等项目，中水远洋渔业也重返阿曼进行海洋捕捞。目前中国石油集团、华为技术、中铁十八局、中水远洋渔业等多家中资公司在阿曼设立了代表处、分公司或合资公司。但是，阿曼作为与中国新打交道的投资及经贸市场，中国企业在阿曼经贸过程中遇到了一些问题。此章便就中国与阿曼经贸投资合作中面临的问题进行探讨。

第一节　阿曼投资的相关政策

阿曼提出"阿曼2020"以及替代的"阿曼2040展望"以来，不断加强招商引资力度，完善投资促进政策，鼓励外国企业在阿曼投资建厂。阿曼的投资优惠政策分为地域优惠政策和行业优惠政策。地域优惠政策指的是各省及地区所提供的便于投资政策，行业优惠政策则是国家针对具体领域所制定的投资优惠政策。就行业优惠政策而言，阿曼鼓励在信息技术、旅游、加工制造、农牧渔业、采矿、医疗等行业的投资。

从国家层面来讲，阿曼的行业鼓励政策包括以下几点：一是对于鼓励行业，可提供低息贷款；二是制造业和战略工业投资项目进口的

第十二章 中阿经贸投资合作需注意的问题

机械设备、零配件、原材料、半成品在生产期头5年免关税，原材料和半成品免征关税可再延长5年；三是在自由区、IT园区和工业区投资，外资可拥有100%股份；四是对外资部分拥有股权的工业和旅游投资项目，提供免息长期贷款；五是产品可免税进入海合会成员国以及大阿拉伯自由贸易区的17个阿拉伯国家；六是免征企业所得税5年，并可再延长5年；七是提供出口信用保险[①]。

此外，阿曼商业和工业部发布政令，决定自2015年7月1日起，所有的工业公司免除利润税5年，到期后依据具体情况可再延长5年。如机械、零部件、设备、原材料等商品，在特许工业机构的项目执行期内将享受产业实体免征进口税的优惠政策。工业实体部门也可享受5年免征所得税的政策。在区域合作方面，阿曼是海合会的成员国，国内工厂生产的产品可以在海合会成员国内执行海关免税的政策，不仅显著地降低了制造成本，而且使阿曼成为外国投资的工厂产品通往海湾国家的桥梁。

依上所述，阿曼对于招商引资的政策扶植较为优厚，但是需要注意的是，阿曼也对外国投资有一定的市场准入标准。这些标准主要围绕具体投资领域，属于经济发展项目等问题设定。在行政机构层面，阿曼商业和工业部是外国投资的主管部门，专门设有外国投资委员会，负责向投资者提供如审批资格申请、发放许可、商业注册等相关服务。除此之外，阿曼的卫生、环境等部门也在外国投资项目的建设和经营过程中对卫生、环境等方面依照阿曼国内标准进行检查。

阿曼针对外国投资有着较为明确和严格的规定。首先，对投资金额及比例有一定限制。对于阿曼的一般性投资项目，外国投资金额最低为39万美元，但投资比例不得超过49%，旨在对本国企业股权和国家经济决策进行保护。如果经阿曼商业和工业部大臣批准，外国投资比例则可放宽至70%。一些投资金额不少于130万美元，且与阿曼国民经济发展具有重要关联性的项目，经商业和工业部大臣推荐、内阁批准，外国投资比例可达100%。其次，针对不同行业和地区，阿曼的《外国投资法》中明确提出了限制条款，以下商业活动只能由阿曼人经营：1.宗教朝觐活动；2.劳务雇用和提供；3.保险服务；4.商业代理；

---

① 中国国际贸易促进委员会，"阿曼投资法律指南4"，http://www.ccpit.org/Contents/Channel_4128/2016/1230/739991/content_739991.htm。

5.海关清关服务；6.机场货物处理；7.海运服务；8.政府部门的跟踪服务；9.房地产服务、土地和建筑租赁与管理；10.相关社会活动:残障人士福利机构、残障人士康复机构、老年人福利机构、任何形式的社会服务中心；11.相关文化活动:出版印刷、报纸杂志、照相与电影、艺术生产、商业演出、电影院、博物馆；12.租车服务；13.广告服务；14.各类运输服务；15.旅行社[①]。

第二节　工程承包与基础设施建设项目投标规定

由于阿曼工业制造、石油精炼、基础建设等部门技术水平相对较低，无法单纯吸引外资自行解决建厂和投产的问题，许多国内公路、铁路基础设施等重要工程项目需要外国企业直接参与投资和建设过程。因此，阿曼近些年吸引外资的主要应用途径是进行企业工程承包和基础设施建设，以下就工程承包许可审批和具体建设流程两部分加以介绍。

阿曼工程承包的许可审批有一套完善的框架，分为法律框架和行政框架。法律框架指的是阿曼拥有完备的招标法和招标规则，行政框架则为阿曼的招标委员会。1984年，阿曼颁布了《招标法》，并于2008年3月对该法进行了修订。《招标法》共分为17条，对工程承包和基础设施建设项目招标的具体审批流程，以及招标委员会的职责和要求做出了明确规定。《招标法》第一条便指出，所有政府部门各类必需品的采购和政府项目的执行，除军事部门的合同和项目、本法和招标规则及其他法律规定的特殊合同和项目外，均通过公布的公开招标规则进行。采购和项目实施可以通过有限招标、当地招标或按招标规则规定的执行方式进行[②]。第八条和第九条分别对小额工程的招标做出灵活的政策规定，即在不违反第76/48号内外交易签字法令和修正令

[①] 中国国际贸易促进委员会，"阿曼投资法律指南3"，http://www.ccpit.org/Contents/Channel_4128/2016/1230/739990/content_739990.htm。

[②] 阿曼投资经贸指南，"阿曼政府招标法"，http://www.gfta.org.cn/Oman/Law/zxfg/17663.html。

第十二章　中阿经贸投资合作需注意的问题

条款的情况下，对不超过10万阿曼里亚尔的合同和项目，各部和各政府机构可组成内部招标委员会，负责邀标、宣布开标，并将评标分析和授标决议的副本抄报招标委员会；各部和政府部门经大臣或主管次官或政府机构主席批准，可将1万阿曼里亚尔以下的项目以适当价格授予所选的承包商或制造商或供应商，并申明选择理由，而不经过招标①。

根据阿曼《招标法》第二条规定，由国王谕令组成的招标委员会负责所有的政府招标，主要职责为：1.依据各政府部门提供的计划书和规格说明书，发出招标邀请；2.接收并拆封公司、承包商和咨询公司提交的投标文件，转交有关政府部门研究、分析和利用；3.接收有关政府部门对投标文件的分析报告，进行审议后做出授标决议；4.在阿曼各地组建招标分会并限定分会的职责，根据《招标法》第八条，招标分会不涉及各政府部门内部的招标委员会的招标；5.对各公司、承包商和咨询公司可根据其按招标规则要求提交的报告进行注册和分类；6.对于有关政府部门向招标委员会反映的，在所承担的业务中出现违规、失职而受到通报和警告，或按招标规则对其进行处罚的任何公司、承包商和咨询公司进行重新评估②。该法案还对招标委员会成员避嫌问题做出规定，即如果招标委员会某个委员与招标有直接或间接的利益关系，该委员必须向招标委员会主席报告，并回避该标。直接或间接的利益关系指的是招标委员会委员或其妻子或其子女之一或其兄弟姐妹之一是业主或拥有10%或以上的股份，或是投标公司的董事会成员之一，或是投标公司职员、代理或担保人。阿曼招标委员会自成立以来一直在较为高效地运转，2014年共核准了价值10.64亿阿曼里亚尔的41个政府各部门的标书③。

除上述主要招标原则外，具体招标细则在招标规则中均有具体阐述，需要注意的是，阿曼就外国企业招标主体身份进行了很强的限

---

① 阿曼投资经贸指南，"阿曼政府招标法"，http://www.gfta.org.cn/Oman/Law/zxfg/17663.html。
② 阿曼投资经贸指南，"阿曼政府招标法"，http://www.gfta.org.cn/Oman/Law/zxfg/17663.html。
③ Ministry of Information Sultanate of Oman, Oman 2015, www.omaninfo.om, p.78.

制。根据《招标法》第十条及招标规则相关规定，对于政府的国际招标项目，外国企业可以本公司的名义直接、独立参加竞标，并单独完成项目实施进程，但必须在规定的时间内完成阿曼国内分公司商业注册。但是，对于阿曼国内招标项目，外国企业必须与阿曼当地企业合作参与竞标和建设，非阿曼承包人或总部在外国且无阿曼代理的承包人的投标将不予接受。

就具体投标事宜而言，如我国公司想要进行阿曼有关工程承包项目的投标，公司需要出具正式授权函，授权有关人员在规定的时间内前往招标委员会购买标书，并进行登记。与此同时，由阿曼当地银行开立投标保函，在规定时间内将报价投入设在招标委员会的标箱内。一旦招标委员会通知中标，中标企业应按规定在1个月的时间内完成企业注册。注册程序为：1.准备相关资料和文件:项目经理授权书原件，须经过中国国家贸促会、中国外交部和阿曼驻中国大使馆认证；同业主签订的项目实施合同复印件；公司注册和登记复印件和翻译件；在阿曼当地注册办公室地址、信箱、电话、传真等；2.从阿曼商工部领取申请注册表格，填写后递交，在商工部完成商业注册；3.在阿曼商工会进行注册，成为商工会会员，商工会会员证书和公司注册证书一起由阿曼商工部发给被注册公司；4.在阿曼注册为分公司，不需要交纳注册资金，只需交纳注册费用，一般为1 500阿曼里亚尔。注册期限要根据合同完工日期而定，可以一次性注册。商工会发的会员注册证书每年需要更新一次，更新费用为625阿曼里亚尔[①]。

第三节 在阿曼设立公司的步骤及中国企业投资保护政策

依据前文所述，中国企业在阿曼进行投资及工程承包活动一般需要在当地成立分公司，或与当地公司联合。除此之外，在目前我国推行"一带一路"的大背景下，不仅仅技术、人员"走出去"，还伴随着资本和一系列生产标准、管理制度的全球化步伐。因此，我国企业或资本需要在阿曼设立公司，利用当地的政策扶持发展壮大，最终借助

---

① 中国国际贸易促进委员会，"阿曼投资法律指南8"，http://www.ccpit.org/Contents/Channel_4128/2016/1230/739995/content_739995.htm。

阿曼的桥梁作用扩展整个海湾地区市场。阿曼商业和工业部是负责外国企业注册的主要部门。为方便投资者设立企业，该部在其办公所在地设立了专门的窗口，为在马斯喀特地区设立企业提供一站式服务，商工部、阿曼商工会、马斯喀特市政局、旅游部、环境保护与气候事务部、阿曼皇家警察、人力资源部以及银行等各相关部门均在此派驻办事人员，为企业办理相关手续。

阿曼《商务公司法》和《商务代理法》对成立公司的法律实体形式进行了相关规定，主要有以下六种[①]。

第一种是个人所有制公司，即公司创立人和所有人为同一人，且所有人对所有资产和债务负全责，此类公司的最低资本要求为3 000阿曼里亚尔。根据阿曼法律，单人只能以自己的名义注册一家个人所有制公司，且此类公司形式仅限于阿曼人和海合会成员国公民。

第二种为股份制公司，即该公司应有3个以上合伙人。股份制公司的责任以公司资本股票的名义价值为限，若公司股票的40%以上向公众发行认购，则被视为上市的股份公司（SAOG）；反之，如公司的股票不公开发行，则被视为非上市的股份公司（SAOC）。根据阿曼法律规定，如从事保险、金融或商业航空运输业务的公司，必须以股份公司的形式运营。

第三种为有限责任制公司。此类公司的合伙人要求最多不超过40个自然人，不少于2个自然人。有限责任制公司所承担的责任以公司资本所持股票的名义价值为限。如果公司资本中无外国资本，最低注册资本则为2万阿曼里亚尔；如有外国资本，则需15万阿曼里亚尔以上的注册资本。

第四种是合伙公司。合伙公司又分为一般合伙公司和有限合伙公司。一般合伙公司由2个或2个以上的合伙方组成；合伙方对公司资产债务有共同责任；任何合伙人未经其他合伙人同意不得转让自己的股份。有限合伙公司指一个或多个一般合伙人以其最大限度财产共同或各自承担有限合伙债务；或是一个或多个有限合伙人承担合伙债务以其合伙资本为限，该资本应在合伙公司协议的备忘录上载明。公司的

---

① 以下六种阿曼公司形式资料参考自中国国际贸易促进委员会，"阿曼投资法律指南11"，http://www.ccpit.org/Contents/Channel_4128/2016/1230/739998/content_739998.htm。

名字既可由任何字组成，也可以包括一个或多个合伙人的名字，公司名称应后缀"Limited Partnership(有限合伙)"。

第五种为控股公司，即一个股份公司或一个有限责任公司掌握另外一家(或几家)公司至少51%以上的股份，从而控制其他公司的财务及行政。最低注册资本为200万阿曼里亚尔。一般的控股公司可以从事以下业务：管理分公司或参与管理它持股的其他公司；将资金投资到股票、股市、证券；向其分公司提供贷款、担保和资助；拥有专利权、商标权、特许经营权及其他无形的权利，可以使用并向其分公司或其他公司出租这些权利。

第六种为专业服务公司，指的是符合标准的专业人员可以单独或与其他一个或多个专业人员共同成立专业服务公司，也可以与外国公司组成专业服务公司。阿曼人和海合会成员公民允许单独或共同成立专业服务公司。阿曼的专业服务公司一般限定在四个领域之中，即工程咨询、审计和会计、法律咨询、其他咨询（包括经济、管理、财务、营销等）。

以上六种形式是阿曼普通的公司法律实体形式，除此之外，外国公司的法律实体形式主要有以下四种[①]。第一种是与当地人联合建立的合资企业，注册资本不低于39万美元，外国企业的投资比例一般不超过总投资的49%，若经阿曼商业和工业部大臣批准可放宽至70%。第二种是独资企业，即外国企业单独在阿曼设立的企业，注册资本不少于130万美元，需要商业和工业部大臣推荐并得到内阁批准。阿曼的独资企业主要存在于石油或天然气领域，是取得以上部门的勘探开发特许权的外国企业。第三种形式是外国公司在阿曼设立的分公司。阿曼对外国公司在阿曼设立分公司有一定的要求，一是与政府签订特别合同或协议；二是从事阿曼内阁所公布的与国民经济发展至关重要的商业活动；三是依照卡布斯苏丹的国王谕令所成立的企业。第四种为外国公司在阿曼设立代表处。根据阿曼商业和工业部22/2000号行政命令，从事贸易、工业、服务业的外国公司和机构可以在阿曼开设代表处，允许宣传其公司生产的产品和服务，也可以直接同用户进行商

---

① 以下四种阿曼外国公司法律实体形式资料参考自中国国际贸易促进委员会，"阿曼投资法律指南12"，http://www.ccpit.org/Contents/Channel_4128/2016/1230/739999/content_739999.htm。

业联系，但禁止进口、出口或销售企业的产品。

为了保护我国企业在阿曼设厂、运营等商业投资行为，促进中国企业向阿曼国内进军的步伐，中国与阿曼政府签署了三个框架协议。第一个协议是1980年10月14日中国与阿曼签订的《中华人民共和国政府和阿曼苏丹国政府贸易协定》，协定有效期为1年，如任何缔约一方未以书面形式提出修改或废止该协定，协定有效期将自动顺延。第二个协议是2002年3月25日中国与阿曼签订的《中华人民共和国与阿曼苏丹国避免双重征税及防治偷漏税协定》，同年7月20日正式生效。第三个协议是2010年11月7日中国与阿曼签署的《中华人民共和国商务部投资促进事务局与阿曼投资促进与出口发展中心双向投资促进合作谅解备忘录》，确立了双方投资促进活动和定期优先发展的领域。

第四节　企业在阿曼报税的相关手续

外国企业投资建厂或经营后需要按时向阿曼政府报税，一旦延误或漏报就会产生很严重的后果。因此，以下就企业在阿曼报税的相关问题加以阐述。

首先，阿曼的报税时间是根据公历年计算的，从每年的1月1日至12月30日，企业应根据公历年准备会计期的账面，但是只要向阿曼征税部门证明其一直遵守有关规定，便可以允许准备12月31日后的会计期账目。根据阿曼政府法律规定，每年要对财务进行一次审计，会计年度由公司提出申请，一旦确定后不得变更。但是第一年审计交纳可以延长到从公司注册之日起18个月[①]。报税的公司申请人需要在税务部门所指定的表格上详细填写从事的商业或其他服务的经营情况。在阿曼，企业进行报税的时候需要完全委托当地会计师事务所，并由会计师事务所审计后进行年度申报。

申请向阿曼税务局报税时需要提交六类资料：一是企业的决算报表、资产平衡表等文件的复印件；二是从事经营活动的许可证复印件；三是成立公司的有效成立决定和合同复印件；四是商业注册的复

---

① 中国国际贸易促进委员会，"阿曼投资法律指南14"，http://www.ccpit.org/Contents/Channel_4128/2016/1230/740001/content_740001.htm。

印件；五是护照复印件；六是税务部门发放的上税卡和根据申请和经营情况发放的注册证书，证书上填有纳税人姓名、居住地、企业经营范围、注册号码、证书有效期等。需要注意的是，阿曼政府规定，同一个法人的多个常设机构需要合并报税。此外，临时报税应根据现有材料或合理预计随应交税收3个月内申报，最终报税应在6个月内随应交纳税收差额申报。阿曼税务机构还有权再收取7年内遗漏的应课税，延期罚款为每月1%。

阿曼的税收分为直接税和间接税两种。直接税指的是向饭店、酒店征收的市政税和奢侈税，以及公司、经贸、工业实体征收的收入税等。间接税则指的是海关关税。对于在阿曼没有常设机构的外国公司，阿曼可以实行所得税代扣制度。所得税代扣制度规定，特许费、研发费、计算机程序使用权费以及管理费的代扣比例为10%。需要注意的是，如果外国公司在阿曼设立了常驻机构，但是在该机构与应课征代扣所得税没有任何关系的情况下，该税仍将征收。

为了招商引资，推进经济多元化进程，阿曼在一些重点经济领域采取了相应的税收优惠政策，规定企业头5年经营期可免征税，经财政与能源委员会决定后免税期可再延长，但至多不超过5年。这些重点经济领域及部门指的是：1.海合会工业法所确定的工业；2.当地制造或经处理的产品出口；3.根据采矿法提及的采矿业；4.旅游村和宾馆的经营；5.农业、畜业生产与加工、渔业及养殖与加工；6.大学教育、高等教育、私立学校或幼儿园，或培训机构；7.私立医院。此外，外国公司经营的海运和空运业务可以免征所得税，前提是外国对阿曼公司给予同等待遇。

第十三章 "一带一路"框架下的中阿经济合作

在新的历史时期,中国和阿曼的经济契合点多,合作空间大,双方经济合作有着很大的发展潜力。正如中国商务部副部长钱克明在出席第五届阿曼经济论坛开幕时的致辞中所说,阿曼正致力于经济转型,着力推动非石油产业发展,推进杜格姆经济特区等工业园区建设,促进经济和社会全面发展。这与中方提出的"一带一路"倡议高度契合。在此框架下,中阿双方在基础设施、产能合作、工业园区建设等领域均有很大的合作空间。同时,钱克明副部长表示,中方愿与阿曼等海湾地区国家在现有合作的基础上,进一步加强协调配合,推动在自贸区建设、能源和新能源利用、服务业等领域扩大合作,共同为地区繁荣稳定做出更大贡献[1]。

第一节 基础设施建设

自阿曼第七个五年计划(2005—2010)以来,阿曼政府意识到国内基础设施建设环节的薄弱,拖慢了国家经济多元化的步伐,并且不利于有效地吸引外资。因此,进入第八个五年计划(2011—2015)以来,阿曼政府不断布局国内基础设施建设,并加强与我国等国家的基础设施建设合作。在当前"一带一路"倡议的背景下,我国能够利用先进的基础设施建设技术及丰富的经验帮助阿曼完成既定的建设目

---

[1] 环球网,"'一带一路'建设拓展中国与阿曼合作空间",http://world.huanqiu.com/hot/2016-03/8770218.html。

标。阿曼国内基础设施建设和投资主要围绕三个方面进行。

第一是交通运输设施的建设。就公路而言，阿曼公路建设自2000年以来发展较快。2014年阿曼交通信息部统计报告显示，阿曼全国拥有13 857千米铺设道路和16 414千米非铺设道路。除交通信息部外，地方市政委员会和水资源部也在国内不同省份进行公路建设工作。2015年，265千米长的巴提奈省高速公路一期工程开工建设。目前，阿曼正在修建240千米长的比德比德—苏尔（Sur）高速公路项目，建成之后将完全连通马斯喀特省和东南省[1]。

就铁路运输而言，阿曼铁路项目的建设是保持经济与社会发展、连接国家产业中心的重要基础。铁路部门拥有在长距离上运输大量商品、原材料及旅客的能力，因此铁路运输对保持国家长远经济发展至关重要。阿曼铁路项目的建设目标是创造新的工业和服务产业，以支持地方产能扩展和创造就业岗位，将阿曼转变为输出技术劳动力的国家[2]。阿曼铁路部门于2015年正式成为商业实体，此后开始对符合条件的公司进行招标，于2016年建设总长2 244千米的苏哈尔—布赖米铁路项目。该项目签署三份合同，总额达1 390万阿曼里亚尔，完工后该铁路设计时速为货运线路80~120千米，客运线路为200千米[3]。此外，自2015年起，阿曼还开始规划全国高速铁路网，设计时速为客运线路350千米、货运线路200千米，预算总额达150亿美元左右。为便于施工，该铁路网将分九段分别招标，首段铁路线全长207千米。据悉，中国建筑、中国中铁总公司中铁四局和中铁研究院等17个基建集团入围首段工程竞标[4]。

就海运部门而言，近年来阿曼各港口建设转型工程渐次开展。卡布斯苏丹港是阿曼历史最长的现代化港口，于1974年建成。1984年起，港口开始运输集装箱，这是海运贸易的主要部分。2015年开始，该海港转型为主要接待游客的港口，所有进出口集装箱业务转移到苏哈尔工业港。2014年，卡布斯苏丹港共停靠2 324艘船舶，其中97艘

---

[1] Sultanate of Oman Ministry of Information, Oman 2015, pp.309-310.
[2] Sultanate of Oman Ministry of Information, Oman 2015, p.310.
[3] Sultanate of Oman Ministry of Information, Oman 2015, p.311.
[4] 中国工程建设网，http://chinacem.com.cn/tzjs/2015-1/181781.html。

客轮，运送旅客30.5万人①。萨拉拉港的优势在于邻近国际海运交通线，依托萨拉拉自由贸易区，有利于发展集装箱业务。当前萨拉拉港每年拥有500万集装箱的吞吐能力，总共有6个集装箱货轮泊位。阿曼政府计划将萨拉拉港拓展为包括货物、服务、商业、旅游为一体的现代化海港，并将集装箱吞吐能力增加到700万吨左右。2014年萨拉拉港停泊船舶2 691艘，其中包括37艘客轮，吞吐货物1 020万吨，比2013年增加230万吨②。苏哈尔港耗资2.5亿美元，历时5年建成，2004年4月投入使用。该港口肩负商业和工业双重任务，主要为国家迅速发展的天然气能源产业服务。一些重工业项目已通过研究开始建设。一期工程包括一个炼铝厂、一个炼油厂、一个化肥厂和一个甲醇工厂。还有些基础设施建设工程也已动工，以满足本地区和国内市场需求。2014年9月，苏哈尔港开始进行集装箱吞吐和货船入港业务，同年有1 918艘船舶停靠该港，集装箱吞吐能力从2013年的21.5万吨增加到33万吨③。海塞卜港位于穆桑代姆省，始建于1983年。2002年9月开始实施港口扩建计划，包括修建防波堤和码头、整拓土地等。穆桑代姆省目前着手升级海塞卜港，并将其作为该省"阿曼2040展望"计划中经济发展的重要组成部分。2014年，海塞卜港有1 430艘船舶停靠，其中42艘为客轮，接待旅客71 772人，此外还有57 000艘小型船只停靠④。

第二个是生活基础设施方面，主要包括海水淡化、电力系统等基础设施部门。对于阿曼来讲，建设海水淡化厂是实现可供给清洁水资源战略的重要一环。目前阿曼已在马斯喀特、巴尔卡（Barka）、苏哈尔、米尔巴特（Mirbat）和杜格姆等地建设了大型的海水淡化厂，还在沿海的城镇兴建了小型的海水淡化设备。在阿曼第八个五年计划中，共有7亿阿曼里亚尔分拨用于水资源工程，并且在全国不同省份建成了供水网络。在马斯喀特省，阿曼电力和水利总局建造了从首都海水淡化厂到蓄水地区的供水管道。在2014年，阿曼运用海水淡化技术工生产水3.231亿立方米，比2013年的2.855亿立方米增长了

---

① Sultanate of Oman Ministry of Information, Oman 2015, p.307.
② Sultanate of Oman Ministry of Information, Oman 2015, p.307.
③ Sultanate of Oman Ministry of Information, Oman 2015, p.308.
④ Sultanate of Oman Ministry of Information, Oman 2015, p.308.

13.2%。2015年前4个月的海水淡化供水量增长到1.066亿立方米，相比于2014年同时期增长了10.6%[①]。阿曼电力和水利总局2016年发布的报告显示，阿曼目前的淡水主要由大型海水淡化设施供应，约占供应总量的76%，小型海水淡化设施占供应总量的4%左右。在报告中，阿曼电力和水利总局表示将继续遵循政府的战略规划，大规模地将海水淡化设施作为阿曼饮用水的主要来源[②]。截至目前，阿曼淡水需求以每年15%的速度增加。根据预测，从2016年到2022年，阿曼淡水需求的高峰水量将以每年8%的速度增长。中国的海水淡化企业可以趁此机会走出国门，进入阿曼的海水淡化市场中。

就电力系统来看，不仅是阿曼地区，整个海湾地区的用电需求量都在不断上升，且太阳能、风能等绿色能源的应用比例逐渐提高。2015年，阿曼首个商业太阳能项目投产运营，该项目位于佐法尔省，日均发电量达1 667千瓦时[③]。2015年7月，阿曼政府投资兴建了"镜子"项目，是迄今为止世界最大的太阳能发电厂。该厂坐落于阿曼南部，2017年投产之时产生1 021兆瓦的太阳能电量。与此同时，太阳光线将被用来产生蒸汽，以热能的方法对来自"希望"石油开采区的高黏性石油进行高效能的精炼，新的工厂利用此项技术每天可以生产6 000吨石油。目前阿曼正在建设的另一个再生能源项目位于佐法尔省的萨利姆地区和哈兰亚特岛，利用风能发电，预计建成之后交付阿曼农村地区电力公司运营，产能将达到5 000万瓦[④]。近年来，我国与阿曼在清洁能源发电领域有着广泛的合作，如三一集团的阿曼风电工程。2015年5月，三一集团与阿曼阿瓦穆集团签订了阿曼市场开发合作协议，双方从各自的优势出发，共同开发阿曼风电市场。

第三个是多方建设领域，中国与阿曼可以彼此合作，共同拓展海外市场。2015年10月16日，由中国、阿曼、坦桑尼亚三方合作的坦桑尼亚巴加莫约港口项目奠基仪式在项目现场隆重举行。中国招商局集团副总经理胡建华、阿曼交通与通信大臣艾哈迈德·福泰斯、坦桑尼亚总统基奎特分别代表中、阿、坦三国共同为该项目奠基。巴加莫

---

① Sultanate of Oman Ministry of Information, Oman 2015, p.305.
② Public Authority for Electricity and Water of Oman, www.paew.gov.om.
③ Sultanate of Oman Ministry of Information, Oman 2015, p.303.
④ Sultanate of Oman Ministry of Information, Oman 2015, p.304.

约港由中国招商局集团、阿曼主权基金、坦桑尼亚政府共同开发合作，建设港口及配套经济特区，有望成为"一带一路"的关键节点。福泰斯系受阿曼苏丹卡布斯委托出席，称赞中国招商局集团堪称港口业的巨人和战略伙伴，合作将带来积极回馈。他指出，巴加莫约港项目对阿曼而言具有诸多重要意义，如促进收入来源多样、进一步发展物流业和港口业等。该港也将成为阿曼企业进入非洲这一广阔市场的重要门户，从而带来众多贸易、投资机遇。

第二节　中阿产能合作

"一带一路"是中国在新的历史条件下寻求同亚、非、欧等国家产能合作的长远规划，既能够使中国企业走向世界，向沿线国家传播较为先进的产能技术与经验，又能同沿线国家巩固政治、经济关系，促进各国之间的产能合作与升级，达到互利互赢的结果。2014年以来，阿曼经济虽然受石油价格下降的影响持续波动，但经济多元化的步伐没有停止，经济基本面持续向好，对于自身产能的升级换代有着较大的需求。综合以上因素，中国与阿曼之间在"一带一路"框架下的产能合作有着光明的前景，主要集中在制造业、建筑业和通信业领域，其中制造业领域比较典型的代表是空调制造、汽车制造、重型机械制造、显示系统制造等。

在阿曼的空调行业，相关数据显示，阿曼当前及未来建筑行业增长迅猛，从而带动了空调需求快速扩大。预计到2021年，阿曼空调市场规模可达4.1亿美元。除此之外，阿曼作为海湾合作委员会的成员，近年来民众生活方式、建筑结构都发生了改变，购买力和电力基础设施也有所提升，这些因素都将推动阿曼对高级空调及空调系统需求的增长。阿曼空调市场的发展趋势主要为环保、节能及性能突出的绿色空调产品，我国空调企业对此类空调技术已掌握得相当成熟，并形成了一定的制造及行业标准，对于进入阿曼甚至海湾市场有着坚实的技术基础。因此，以空调为例的一系列我国技术优势明显的制造业产业，都成为中国与阿曼未来经贸及产业合作的重点。

在汽车制造领域，阿曼汽车市场报告显示，从2017年开始，阿曼的客车和商用车销售将会缓慢复苏，2017年至2020年间汽车销售总额年均增长率将超过1%[①]。此外，就人均购买能力来看，2016年阿曼人均GDP为43 700美元[②]，属于具有中高购买能力的国家。结合国内基尼系数等因素，阿曼汽车市场的价格分布偏向中档车，但低端家用型轿车仍有一定的市场。阿曼汽车市场还有一个特点便是再出口份额高，且二手车极少。阿曼进口汽车再出口占进口总量的40%，以中低档轿车和皮卡为主，再出口目的地主要是北非和东非国家、伊朗、阿富汗等。这些再出口目的地的国家要么一些汽车品牌没有本地代理，要么虽然有代理但车型不全。此外，由于阿曼新车价格低，因此二手车消费市场很小，国内没有大型的二手车交易市场。综合以上因素，我国汽车产业进入阿曼市场，甚至与阿曼联合生产汽车已经不单单是一种期望，事实上奇瑞、长城、比亚迪、宇通等公司都已经登陆阿曼市场，并取得了较为理想的销售业绩，在当地有了一定的品牌价值。以长城汽车为例，2012年长城汽车在阿曼的销售量翻番，长城皮卡的销售量更是增长了300%。有了良好的销售业绩，我们有理由对中国汽车产业与阿曼的产能合作充满期待。但仍有一些问题值得注意：一是日本、韩国汽车在海湾地区的品牌效应仍然很强；二是我国不仅要对阿曼产业转移贡献力量，还要有针对性地在阿曼建设工厂，开设海湾地区研发中心，加快产品的升级换代；三是要始终做到产能合作与技术提升相结合，注重本土的技术水平提升，以技术带动产能供给与合作。

就阿曼钢铁和机械部门而言，需要中国较为先进的工业产业技术。2009年9月，中冶华天团队总承包建成了阿曼半岛公司（Al Jazeera）30万吨型钢工程，以轧制的型钢品种多、质量好而受到业主的认可和高度评价。2013年7月，半岛公司主动与中冶华天联系并签订了型钢改造项目EP（设计+设备供货）合同，要求在现有型钢生产线上添加穿水冷却等设备，并轧制出φ8~32毫米的螺纹钢，最终年产

---

① 中华人民共和国驻阿曼苏丹国大使馆经济商务参赞处，http://om.mofcom.gov.cn/article/ztdy/201612/20161202410089.shtml。

② CIA, The World Factbook of Oman, http://om.mofcom.gov.cn/article/ztdy/201612/20161202410089.shtml。

量达到10万吨①。最终,中冶华天技术团队克服了极高的技术难度,成功生产出了所需产品并调试完成整个生产线,增加了在中东市场的知名度和影响力。2014年,河北钢铁集团生产的极薄规格的钢卷(共3 500吨)出口阿曼,最薄规格的钢板仅1.4毫米,达到世界级先进水平。除钢铁业以先进的制造工业与阿曼进行产能合作外,中国在机械制造业领域同样处于全球领先水平,多家公司的机械设备出口至阿曼。如上海振华的两台船吊出口阿曼,并安装在卡布斯苏丹港,这两台船吊是世界上最先进的吊机装备,可以吊起20英尺(1英尺=0.304 8米)和40英尺的40吨重的集装箱。钢铁、机械制造等产能合作是中国以技术科技为导向、阿曼实际需要为目的的切实可行的合作,有利于中阿之间产能合作的良性发展。

  就其他民用技术而言,中国与阿曼的合作前景更加广阔。随着经济多元化步伐的加快,阿曼民用设施的制造、更新、换代等产能项目将不断扩展,在这一过程中既需要较为先进的技术,又需要技术应用实用有效,降低市场投资成本。中国的民用设施以物美价廉、技术先进逐步吸引着阿曼的合作意向,并在具体产能合作中达到了良好的效果。2012年,中祥创新技术团队生产的多块LED高清公交站台显示屏出口阿曼,该款显示屏采用无线信息LED显示屏技术应用,其所搭载的3G无线LED显示系统能够让众多LED显示屏同步显示,且能随时更换。此外,中祥创新技术团队考虑到出口阿曼苏丹国的LED具有全彩屏、地处户外且能随时移动等特性,在材质、工艺、屏幕箱体、显示系统都做了全面的技术升级,能完全满足LED站台屏的商业广告、影视播放、生活分类信息的需求。出口阿曼的高清LED显示屏将被安装于阿曼首都马斯喀特人流量超过10万人的黄金地段,成为中国科技企业最好的名片。除中祥创新外,中国著名通信企业华为近年来也依托技术优势与阿曼进行了多项产能合作项目。2016年年初,阿曼电信与华为联合部署了集成小蜂窝(内置小站+Wi-Fi)的智慧灯杆来加快4G网络部署,极大地提升了网络质量和频谱效率。华为的这一创新解决方案不仅充分利用了站址资源,而且大幅改善了网络覆盖和用户体验,给未来阿曼建设智慧城市模式创造了可借鉴的样板,必将进一步

---

① 中国钢铁新闻网, http://www.csteelnews.com/xwzx/zbyj/201408/t20140804_251614.html。

促进更多产业的融合和创新。

第三节　共同推动产业园区和经济区建设

"阿曼2040展望"中提出的经济多元化重要战略便是扩大制造业、物流业、服务业、运输业等产业的经济比重,这一战略的重要抓手在于产业园区和经济特区的建设。目前阿曼就此已经有整体布局,依托民营资本的全球化步伐,中国与阿曼之间推进产业园区和经济特区建设的合作也在有条不紊地开展。

阿曼目前最重要的科技主导型的产业园区便是2003年开放的位于马斯喀特的IT产业园,又被称为"马斯喀特知识绿洲"(Knowledge Oasis Muscat)[①]。"马斯喀特知识绿洲"是阿曼公共部门和私营部门在联合培养知识型公司方面的成功典范,阿曼希望通过建设这座IT产业园,吸引世界级的信息技术大公司投资创业。该产业园最大的战略优势便是位于国际交通枢纽地区,成为中东、印度次大陆与非洲新兴市场的重要连接点和辐射点。阿曼政府设立科技园区,旨在通过提供优惠的政策,吸引各国高科技产业,推动阿曼经济建设和现代化发展。外国企业落户科技园区,在用地、水电、房租、税收和阿曼化劳工比例等方面都有一定的优惠,目前华为、中兴等中国科技企业都落户该区。

阿曼经济区建设的核心是杜格姆特别经济区,该经济区是近年来阿曼集中发展的大型经济工业产业项目,也是中国与阿曼合作力度最大的经济区建设项目。杜格姆原是临阿拉伯海的一个海港小镇,位于阿曼东部,2008年人口仅5 100人[②]。但随着国家开发杜格姆力度的加大,该地区人口迅速增长,预计2020年将达到10万人左右。如今,杜格姆特别经济区依靠优越的地理位置、完善的基础设施、大量的国内外投资、石油精炼等现代化工厂,一跃成为阿曼经济发展的重要驱动力量。杜格姆特别经济区包括杜格姆港、杜格姆国际机场、船舶修理

---

① 新华网,"阿曼苏丹国建设'知识的绿洲'"以吸引外资,http://news.xinhuanet.com/world/2003-09/29/content_1106906.htm。

② Oxford Business Group, The Report, p.278.

码头、工业园区等基础设施。

2011年10月26日,根据第119/2011号皇家谕令,杜格姆特别经济区管理局成立。杜格姆特别经济区计划于2020年在工业园区中投资建立众多的工业企业,以及旅游度假区、中心商务区、居民生活区、休闲娱乐区、主要道路等项目,并吸引约150亿美元投资,创造20 000个直接或间接就业岗位[1]。2013年12月26日,阿曼颁布第79/2013号皇家谕令,为吸引更多国内外投资,依据《商业机构法》加大对国外投资企业的免税力度[2]。

当前,我国是杜格姆特别经济区项目的主要投资方,作为2015年中阿博览会的落地项目之一,中国—阿曼产业园基础设施已于2016年5月开工建设。据悉,该产业园占地1 200公顷,分为重工业区、轻工业区、生活区及酒店、渔业四个板块。产业规划为石油化工产业、天然气加工产业、建筑材料产业、海洋产业、清真产业、现代农业产业及电子商务和物流产业。该产业园首批投资项目共10个,其中宁夏企业投资建设的项目5个,分别是:宁夏中科嘉业新能源科技管理服务有限公司1GW光伏组件项目,宁夏建材集团日产5 000吨水泥项目,银川玉顺油服有限公司钻井、修井器材加工项目,宁夏大丰建材公司保温板、加气块项目,银川方达电子系统工程有限公司丝绸之路网站及高新技术产品孵化器[3]。另据阿曼对媒体公开的中阿协议内容,到2022年前中国企业将对该工业区投资107亿美元,包括建造一个日处理原油23万桶的石油提炼厂,及共同投资建造包括水泥厂、石油化工厂、太阳能企业和一个汽车装配等多个项目[4]。

---

[1] Sultanate of Oman Ministry of Information, Oman 2015, p.279.
[2] Sultanate of Oman Ministry of Information, Oman 2015, p.85.
[3] 新华网,"中国—阿曼产业园近年5月开工建设",http://news.xinhuanet.com/local/2016-04/22/c_128920890.htm。
[4] 参考消息网,"法媒:中企签约向阿曼杜格姆港工业区投资107亿美元",http://www.cankaoxiaoxi.com/finance/20160524/1169733.shtml。

参考文献

[1] 安·瓦·施瓦柯夫. 战斗的阿曼. 北京：人民出版社，1973.

[2] 袁鲁林，萧泽贤. 赛义德王朝的兴衰与当代阿曼的复兴. 西亚非洲，1992(6).

[3] 刘竞、安维华. 现代海湾国家政治体制研究. 北京：中国社会科学出版社，1994.

[4] 黄培昭、苏丽雅. 当代阿曼苏丹国社会与文化. 上海：上海外语教育出版社，2003.

[5] 王宏伟. 阿曼军火贸易. 阿拉伯世界，2002(2).

[6] 杨翠柏. 卡布斯苏丹时期的阿曼研究. 西北大学博士论文，1996.

[7] 黄培昭. 中国和阿曼关系. 阿拉伯世界，2000(2).

[8] 韩志斌. 阿曼"参与型政治"的发展. 西亚非洲，2008(8).

[9] CORDESMAN A H. After the storm: the changing military balance in the Middle East, boulder. CO: Westview Press, 1997.

[10] LEWIS B. The Arabs in history. London: Hutchinson & Co., 1970.

[11] RIPHENBURG C J. Oman: political development in a changing world. London: Praeger Publishers, 1998.

[12] OSBORNE C. The Gulf States and Oman. London: Croom Helm, 1977.

[13] ALLEN C H, RIGSBEE W L Ⅱ, Oman under Qaboos: from coup to constitution, 1970—1996. London: Frank Cass, 2000.

[14] SMILEY D. Arabian assignment. London: Leo Cooper, 1975.

[15] OWTRAM F. A modern history of Oman: formation of the state since 1920. London: I. B. Tauris, 2004.

[16] HOURANI G F. Arab seafaring nation in the seminar for Arabian studies. London: Faber and Faber, 1972.

[17] TOWNSEND J. Oman: the making of a Modern State. London: Croom Helm, 1977.

[18] WILKINSON J C. Water and tribal settlement in South-East Arabia: a study of the Aflaj of Oman. Oxford: Clarendon Press, 1977.

[19] RISSO P. Oman and Muscat: an early modern history. New York: St. Martin's Press, 1986.

[20] PHILLIPS W. Oman: a history. London: Longman Group Ltd., 1971.